DER GOLFER!

„VERHALTENSTRAINING AM LEBENDEN OBJEKT!"

BESSER IM ROUGH ALS IM BÜRO

DER GOLFER!

„VERHALTENSTRAINING AM LEBENDEN OBJEKT!"

BESSER IM ROUGH ALS IM BÜRO

RALPH SCHAPER

Herstellung und Verlag:

BoD – Books on Demand, Norderstedt

ISBN 978-3-7392-3691-9

DER GOLFER

Ich freue mich, dass Sie sich für dieses Buch entschieden haben. Erlauben Sie mir als erstes einige Fragen:

Warum gerade dieses Buch?

Weil es Ihnen empfohlen wurde?

Weil Sie es zufällig ausgewählt haben?

Weil es Sie in irgendeiner Art und Weise angesprochen hat?

Welcher Grund auch immer ausschlaggebend war – Sie haben die richtige Entscheidung getroffen.

Warum ich das einfach so behaupte? Weil dieses Buch anders ist, als andere Bücher, die Sie zum Thema „Golf" bisher gelesen haben.

Was anders ist an diesem Buch? Alles. Sie werden hier kein Regelbuch vorfinden. Sie werden kein Buch lesen, welches Ihnen neue fachliche Tipps gibt, wie Sie Ihr Golfspiel verbessern können. Davon haben Sie doch eh schon genug gelesen. Und was hat es Ihnen konkret gebracht?

Auf den nächsten Seiten werden wir uns vielmehr mit den Menschen auseinandersetzen.

Mit den Golfern, den Möchtegern-Golfern und mit denen, die es gern werden möchten.

Haben Sie Lust?

Sind Sie gespannt, was da so alles auf Sie zukommt?

Prima. Dann haben wir die besten Voraussetzungen für eine erfrischende gemeinsame Zukunft. Also Sie und das Buch. Oder das Buch und Sie. Wie auch immer Sie wollen.

Allerdings noch etwas ganz wichtiges vorweg.

Es kann passieren, dass Sie sich in diesem Buch wiedererkennen. Im Positiven, sowie vielleicht auch im Negativen. Also erschrecken Sie sich bitte nicht, wenn ich ganz offen und unverblümt bestimmte Sachen ansprechen werde. Sie werden das eine oder andere Mal schmunzeln, mit dem Kopf schütteln oder einfach nur nicken, weil Sie genau die gleichen Situationen auch schon erlebt haben.

Was ist noch „anders" an diesem Buch?

Sie werden zu den jeweiligen Situationen verschiedene Werkzeuge aus meiner eigentlichen Arbeit erhalten. Was ich beruflich mache?

Das beantworte ich Ihnen sehr gern.

Ich bin seit fast 20 Jahren im einem der interessantesten Berufe tätig, den es auf der Welt gibt.

Ich bin Trainer im Bereich Management- & Verkaufstraining mit dem Schwerpunkt Verhaltenstraining. Also im Mittelpunkt steht immer der Mensch.

Warum ist das für die nächste Zeit, die wir miteinander verbringen, so wichtig?

Weil es auch beim Golfen nicht nur um den Ball, die Schläger, die Kleidung oder die Beschaffenheit des Grüns geht. Sondern es geht um die Menschen, die diesen wundervollen Sport ausüben. Und damit sind an dieser Stelle die Amateure gemeint. Nicht die Profis.

Es geht um die Freizeitgolfer. Die Hobbygolfer. Die Rentner, die genügend Zeit haben, fünfmal in der Woche Golf zu spielen. Es geht um die Geschäftsleute, die Golfen auch als Plattform für ihre Arbeit, beziehungsweise für ihre Kundenbeziehungen nutzen. Es geht aber auch um die Berufstätigen, die Angestellten oder Selbständigen, die diese Sportart zwar nicht so häufig ausüben können, sie aber als Ausgleich zu ihrer stressigen Arbeit nutzen möchten. Einfach mal durchatmen, abschalten, die Natur genießen. Und möglichst auch noch den einen oder anderen Ball treffen.

Und verzeihen Sie mir, wenn ich vielleicht irgendeinen Typ Golfer vergessen habe zu erwähnen. Aber auch um Sie geht es. Es geht um uns Menschen.

Dann lassen Sie uns einfach mal das schöne satte Grün betreten. Wobei halt. Bevor wir uns dem Grün nähern können, haben wir noch einen langen Weg vor uns. Ja klar, erst müssen wir auf den Abschlag, dann über das Fairway, bis wir dann das Grün erreichen.

Aber dazu kommen wir gleich noch. Meine Gedanken gehen ganz an den Anfang des Tages. Und zwar sind wir noch gar nicht auf dem Golfplatz angekommen. Wir sitzen gerade noch im Auto. Denn so geht es ja den meisten Golfern. Wir müssen erst mal zum Golfplatz fahren, wenn wir nicht gerade zufällig einen Steinwurf weit entfernt wohnen und mit dem Fahrrad dorthin fahren können.

Jetzt werden Sie sich vielleicht fragen, warum fängt der Kerl mit der Fahrt zum Golfplatz an?

Auch das ist eine berechtigte Frage.

Wir haben ja gesagt, es geht um uns Menschen. Um das Verhalten von uns Menschen. Wie oft haben Sie auf dem Weg zum Golfplatz in Ihrem Auto gesessen und sich geärgert?

Wir oft haben Sie über andere Verkehrsteilnehmer geschimpft? Wie oft sind Sie aus Ihrem Auto ausgestiegen, haben sich Ihre Golfsachen oder Ihre Tasche geschnappt und waren sauer über die ganzen Idioten, die Ihnen auf den Straßen begegnet sind?

Bestimmt so einige Male. Und wie ging es Ihnen?

Wie war Ihr Spiel auf den ersten Bahnen?

Ach, doch so gut?

Wahrscheinlich haben wir alle solche Situationen schon mal erlebt. Und wenn auf der Fahrt zum Golfplatz alles reibungslos lief, dann endet das spätestens mit der Suche nach einem geeigneten Parkplatz.

Worauf möchte ich hinaus?

Ich fuhr vor kurzem auf unseren Parkplatz. Wie immer war sehr viel los. Viele Autos, wenige freie Parkplätze. Obwohl, eigentlich könnten dort sehr häufig viel mehr freie Parkplätze sein, wenn die Leute besser parken würden. Obwohl, was heißt hier besser parken? Das ist ja eigentlich ganz einfach. Wir sollten vielleicht sagen, wenn die Leute auch mal mitdenken würden.

Konkretes Beispiel. Im vorderen Bereich unserer Parkplätze gibt es eine asphaltierte Fläche auf der zwei Autos problemlos parken können.

Ich fuhr an diesen Parkplätzen vorbei und was war zu sehen? Es stand, na klar, nur ein einziges Auto auf beiden Plätzen. Und das war kein großer amerikanischer Straßenkreuzer, nein es war ein Mini. Schön mitten auf der Fläche.

Was denken Sie sich, wenn Sie so etwas sehen?

Was für Vollidioten, die so parken. Oder? Ach kommen Sie. Haben Sie doch auch gedacht.

Ich fand am Ende der Parkmöglichkeiten noch einen freien Platz. Ich musste also eine ganze Ecke laufen, um in die Nähe des Clubhauses zu kommen. Aber okay, das ist grundsätzlich kein Problem, laufen ist man als Golfer ja gewohnt. Ist also schon mal eine kleine Aufwärmphase.

Als ich dann an dem „Parkspezialisten" angekommen war, standen gerade zwei Personen, Frau und Mann, dort und luden ihre Golfsachen in das Auto.

Wie hätten Sie jetzt reagiert?

Hätten Sie die beiden darauf angesprochen? Und wenn ja, wie?

Die meisten würden wahrscheinlich an diesen beiden Personen vorbeigehen und sich ihren Teil denken. Vielleicht noch mit dem Kopf schütteln. Aber mehr auch nicht.

Möglicherweise regen Sie sich auch gar nicht darüber auf. Herzlichen Glückwunsch.

Ich habe diese beiden Menschen, diese beiden Golfer angesprochen. Ich sah auf das Kennzeichen, es waren auswärtige, die vielleicht das erste Mal hier waren und nicht so genau hingeschaut hatten.

„Guten Tag."

Ein zögerliches *„Guten Tag"* kam von dem Mann zurück. Die Frau sagte gar nichts.

„Eine Bitte an Sie. Sie stehen mit Ihrem Wagen auf zwei Parkplätzen und Sie sehen ja, wie voll es hier ist. Wenn Sie das nächste Mal so parken könnten, dass auch noch ein zweites Fahrzeug nehmen Ihnen Platz findet, wären wir Ihnen sehr dankbar."

Ich dachte, ich spreche einfach mal im Namen aller. Und das Ganze übrigens in entspannter Art und Weise und mit freundlicher Stimme.

Was glauben Sie, wie die Reaktion war?

„Was wollen Sie denn? Kümmern Sie sich doch um Ihrem eigenen Kram."

Paff. Das hatte gesessen. Was mische ich mich auch ein? Warum halte ich nicht einfach meine Klappe?

"Tolle Reaktion. Vielen Dank für Ihr Verständnis. Einen schönen Tag noch."

Okay, der Ton war jetzt eher süffisant.

"Geh' bloß weiter Du Schnösel."

Fauchte der Mann mir hinterher. Seine Frau oder Freundin sagte nichts. Ich glaube ihr war das alles sehr unangenehm.

Ach, jetzt Duzen wir uns schon. Obwohl wir gar nicht zusammen auf dem Platz waren. Und eine Drohung klang da auch noch mit. Wird ja immer besser. Aber wenn man den Menschen sah, dann war so einiges klar.

Worauf will ich hinaus? Es gibt immer dann, wenn es um Menschen geht, Situationen, die uns überraschen, die uns verwundern, die uns zweifeln lassen und die uns ärgern.

Apropos ärgern. Was ist denn aus Ihrer Sicht richtig? Ärgern wir uns über den anderen oder ärgert der andere uns? Was ist richtig?

Wir ärgern uns über den anderen. Genau. Wobei wir doch oft geneigt sind, zu sagen: Der hat mich gerade geärgert. Mit seiner Aussage, mit seiner Art oder was auch immer.

Aber letztendlich sind wir es doch, die sich über den anderen ärgern. Ob ich mich über diesen seltsamen, aggressiven Typen geärgert habe?

Nein. Habe ich nicht. Vor vielen Jahren hätte ich das mit Sicherheit. Da wäre ich wahrscheinlich noch mal zurückgegangen und hätte mich näher mit ihm unterhalten. Aber heutzutage nicht mehr. Warum?

Ich hatte vor vielen Jahren mal einen etwas älteren Trainingsteilnehmer in einer Runde sonst überwiegend jüngerer Kollegen. Und dieser erfahrene Mann sagte zu diesem Thema den jungen Kollegen folgendes:

„Ich bin in meinem Leben mittlerweile so weit, über wen oder was ich mich ärgere, das entscheide ich immer noch selbst!"

Die jungen Kollegen schauten ihn alle etwas verdutzt an, aber er sagte nur:

„Was bringt es mir, mich in bestimmten Situationen zu ärgern? Ich bekomme schlechte Laune, einen hochroten Kopf, der Blutdruck steigt und was bringt es mir? Nichts!"

Seitdem ich diesem Satz gehört habe, versuche ich, danach zu leben. Meistens gelingt mir das auch.

Aber ab und zu gibt es Situationen, da übermannt mich der Ärger dann doch noch. Unter anderem auch auf dem Golfplatz, dazu aber später mehr.

Mir lief dann zufällig der Ranger über den Weg, mit dem ich auch schon öfter Golf gespielt hatte. Ich erzählte ihm kurz den Fall. Und er sagte nur. Kenne ich. Haben wir schon zigmal erlebt.

Aber ist das nicht traurig? Wie dumm oder wie egoistisch müssen solche Menschen denn sein?

Aber wir wollen uns ja nicht aufregen.

Allerdings lässt die nächste prekäre Situation nicht lange auf sich warten. Vor der Runde noch schnell auf die Drivingrange. Ein paar Bälle schlagen, um die Muskulatur aufzulockern und den Rhythmus zu finden. Sie kennen das.

Wir haben eine ganze Reihe von Abschlagmöglichkeiten. Die hintere Reihe überdacht. Die anderen Matten davor befinden sich im Freien.

Ich suche mir also eine freie Box, gehe wie alle anderen an diesem trockenen, sonnigen Tag auf die äußere Matte, mache ein paar Dehnübungen und beginne einige Bälle zu schlagen. Als auf einmal ein anderer Golfer, der nach mir kam, anfängt, seine Bälle von der hinteren, der überdachten Matte abzuschlagen.

Und zwar so, dass es schon fast lebensgefährlich wurde. Die Bälle flogen nach links und nach rechts, nur selten geradeaus.

Der Nachbar zur anderen Seite und ich schauten uns an, sahen zu dem Herrn in der Mitte, aber der machte keine Anstalten aufzuhören oder nach vorn auf die Matte zu gehen. Dort, wo wir alle standen.

Gerade als ich diesen Herrn ansprechen wollte, machte mein Nachbar das. Auch auf eine sehr freundliche Art und Weise. So sinngemäß:

„Könnten Sie bitte von der vorderen Matte abschlagen. Wir hätten schon fast Ihre Bälle abbekommen."

Auch hier wieder die Frage: Was glauben Sie, wie dessen Reaktion war?

„Das müssen Sie schon mir überlassen, von wo ich abschlage."

Wir sahen uns beide nur verwundert an, schüttelten den Kopf und suchten das Weite.

Warum sind die Menschen so? Die Frage stellt sich mir immer wieder. Der Nachbar und ich trafen uns dann auf dem Übungsgrün wieder und er fragte mich nur:

„Habe ich was Falsches gesagt?"

"Nein. Du hattest vollkommen Recht ihn anzusprechen. Das war doch sehr gefährlich. Aber manche Leute sind unverbesserlich."

Wir haben uns dann nicht weiter damit beschäftigt. Nicht darüber ärgern ist ja die Devise.

Und über diese „Unverbesserlichen", diese „Egoisten" könnten wir uns doch jeden Tag aufregen, oder? Die gibt es überall, zu jeder Zeit und in jeder nur möglichen Gestalt.

Beim nächsten Mal ist es der Handy-Telefonierer, der so laut quatscht, dass wir uns nicht auf unsere Schläge konzentrieren können und ein anderes Mal ist es derjenige, der in einer Tour Selbstgespräche führt und gar nicht merkt, wie sehr er die anderen damit nervt. Oder es ist der Typ Mensch, der, wenn er sieht, dass ein anderer auf ihn zukommt, schnell nach unten oder zur Seite schaut. Bloß nicht den anderen anschauen, dann muss er ja noch *„Guten Tag"* sagen.

Sie wissen was und wen ich meine. Sie fragen sich aber gleichzeitig, ob ich vollkommen bin, ob ich kein Fehlverhalten an den Tag lege? Keineswegs. Niemand ist vollkommen. Ich schon mal gar nicht. Dazu komme ich gleich noch. Keine Angst. Sie werden merken, ich bin auch nur ein Mensch.

Worauf wollten wir aber eigentlich hinaus?

Wir sind ja immer noch nicht auf dem Platz, haben aber schon so viele Situationen erlebt, die alle nicht dazu beitragen, unser bestes Golf zu spielen oder geschweige denn, eine angenehme Zeit auf dem Golfplatz zu verbringen. Es gibt so viele Einflüsse, die uns Menschen daran hindern können, glücklich und entspannt zu sein.

Nach zwölf Jahren Erfahrung mit dem Golfspiel habe ich gemerkt, dass ich mein bestes Golf gespielt habe, wenn ich alles andere ausgeblendet habe. Alle Unwägbarkeiten, die so auf einen zukommen können. Alles ist in dem Moment nicht wichtig. Aber das geht leider nicht immer. Aber es funktioniert immer öfter. Man wird ja älter und weiser. Hoffe ich zumindest. Also älter auf jeden Fall und der Rest – na ja, schauen wir mal, was die Zukunft noch so mit sich bringt.

Wie geht es Ihnen denn gerade? Gehen Ihnen ähnliche Erlebnisse durch den Kopf?

Falls Sie zu den Menschen gehören, die sich dennoch des Öfteren ärgern oder aufregen, darf ich Ihnen ein Werkzeug aus unserem Verhaltenstraining an die Hand geben?

Worum geht es?

Welches ist die wichtigste Frage, die Sie sich stellen, bevor Sie auf Ihre Golfrunde gehen?

Wie wird mein Spiel heute sein?

Werde ich meine Eisen treffen?

Wie läuft es heute mit dem Putten?

Wie wird das Wetter?

Fragen, die wir uns alles schon mal gestellt haben. Mir geht aber noch eine ganz andere Frage durch den Kopf. Nämlich die Frage:

WARUM FREUE ICH MICH?

Jetzt werden Sie vielleicht sagen: Wieso soll ich mir diese Frage stellen, bevor ich auf die Runde gehe? Ich denke doch positiv. Ja? Tun Sie das? Sind Sie sich sicher?

Worum geht es bei der dieser Frage „Warum freue ich mich?" und wie sieht denn unser Alltag eigentlich aus?

Wir werden morgens geweckt durch unseren Radiowecker. Was hören wir in den Nachrichten? Schlechte Nachrichten. Mord und Todschlag. Wir schauen kurz ins Internet oder in die Zeitung. Was sehen wir? Schlechte Nachrichten. Mord und Todschlag.

Wir gehen ins Bad, gucken in den Spiegel. Was sehen wir? Mord und Todschlag!!! Ganz nach dem Motto: Ich kenne dich nicht, aber ich wasche dich trotzdem.

Dann passieren uns noch die eben angesprochen Situationen auf dem Weg zum Platz und genau deshalb ist es manchmal gar nicht mehr so einfach sich zu freuen.

Aus diesem Grund würde ich gern mit Ihnen eine sehr effektive Übung machen. Haben Sie Lust?

Sie müssten allerdings dazu das Buch gleich für ein paar Minuten aus der Hand legen. Schaffen Sie das?

Damit hätten Sie jetzt wahrscheinlich nicht gerechnet, dass Sie auch noch arbeiten sollen. Sie wollten doch nur ein gutes Buch lesen.

Der Erfolg kommt leider nicht durch das Lesen allein!

Dann machen Sie bitte folgendes:

Nehmen Sie ein großes Blatt Papier zur Hand und schreiben oben als große Überschrift:

WARUM FREUE ICH MICH?

Darunter schreiben Sie bitte _drei_ Gründe auf, warum Sie sich freuen. Und zwar heute, hier, jetzt an diesem Tage. Also nichts was in der Ferne oder in der Zukunft liegt.

Denn das wäre ja die Frage _worauf_ freue ich mich. Wir wollen aber die Übung machen, _warum_ freue ich mich.

Auf geht's. Buch aus der Hand legen. Drei Gründe notieren. Zeit, max. 3 Minuten….

Hallo. Nicht weiterlesen. Erst mal schreiben. Machen Sie es nicht nur mündlich, bitte notieren.

So, die Zeit ist rum. Haben Sie es geschafft, dort problemlos drei Gründe zu notieren? Dann herzlichen Glückwunsch.

Sie haben es nicht geschafft? Sie würden lieber drei Gründe aufschreiben, was Sie alles stört? Kommen Sie. Sie können das. Drei Punkte werden Sie schaffen.

Also, welche Punkte haben Sie denn nun notiert?

Sie freuen sich, dass Sie Zeit zum Golfen haben? Prima.

Sie freuen sich auf eine tolle Runde Golf? Sehr schön.

Sie freuen Sich auf nette Menschen, die Sie treffen werden? Hervorragend.

Sie freuen sich, dass das Wetter schön ist? Warum nicht.

Sie freuen sich, dass Sie Ihre Kinder später sehen werden? Ein toller Grund.

Sie freuen sich, dass Sie gesund sind? Ein ganz wichtiger Grund.

Gerade dieser Punkt wird leider oftmals vernachlässigt. Doch, wenn wir nicht gesund sind, bringen uns alle anderen Gründe auch nichts. Deshalb freuen Sie sich bitte jeden Tag, wenn es Ihnen gut geht.

Sie merken sicher, worum es bei dieser Übung geht. Es kann alles um uns herum noch so schlecht sein, es gibt immer Gründe sich zu freuen. Manchmal ist es vielleicht etwas schwieriger oder es dauert etwas länger sie zu finden, aber es gibt sie. Wir müssen sie uns nur bewusst machen. Denn je bewusster, das heißt, auch konkreter wir damit umgehen, desto leichter fällt es uns, in negativen Situationen nicht gleich zu verzweifeln, sondern zu versuchen, auch dann noch das Positive daran zu entdecken.

Das hört sich in der Theorie alles leicht an, ist aber in der Praxis manchmal gar nicht so einfach.

Deshalb die Bitte an Sie. Wobei es ist eigentlich mehr eine Aufforderung zur Tat. Wenn Sie morgen früh wach werden, schlagen Sie als aller erstes die Augen auf, stellen sich dann sofort die Frage **„Warum freue ich mich?"** geben sich drei Antworten, die Sie motivieren, die Sie beflügeln und stehen erst dann auf.

Wenn Sie keine Gründe gefunden haben, dann bleiben Sie am besten liegen und schlafen weiter. Denn was soll dann an diesem Tag schon erfolgreiches oder schönes passieren, wenn Sie nicht mal <u>drei</u> Gründe gefunden haben, auf die Sie sich freuen können?

Wenn Sie morgens schon in der Lage sind zu schreiben, dann können Sie gern die Punkte auch aufschreiben. Das wäre für die Nachhaltigkeit sogar noch besser.

Die Königsdisziplin dieser Übung wäre dann, über mehrere Tage diese Übung zu machen und jeden Tag drei neue Gründe zu finden. Vielleicht gelingt Ihnen das ja auch problemlos.

Ich wünsche Ihnen damit schon einmal viel Erfolg und viel Freude.

Die wichtige und entscheidende Frage, die aus dieser Übung resultiert ist diese:

Wie will ich andere Menschen motivieren, wenn ich selbst nicht motiviert bin, das heißt, keinen Grund gefunden habe mich zu freuen?

Wie will ich meine Mitspieler motivieren mit mir Spaß zu haben, wenn ich selbst keine Freude habe?

Wie will ich meine Familie und Freunde dazu bewegen mit mir etwas zu unternehmen, wenn ich selbst nicht motiviert bin? Wie soll das funktionieren?

Verstehen Sie mich bitte nicht falsch. Es geht hier nicht um das Thema „Tschakka Tschakka". Im Sinne von, wir springen alle auf die Stühle, schreien irgendetwas in den Raum und sind motiviert. Nein. Darum geht es nicht.

Es geht darum, sich selbst auf eine seriöse Art und Weise positiv einzustimmen, dieses nach außen zu transportieren und dadurch auch andere Menschen zu motivieren und mitzureißen.

Unter der wichtigen Voraussetzung, dass Sie das auch wollen. Denn manches Mal habe ich das Gefühl, dass es Menschen gibt, die wollen gar nicht positiv wirken oder eine bestimmte Form der Sympathie ausstrahlen. Kennen Sie solche Menschen auch?

Das muss nicht unbedingt ein Golfer sein. Das kann auch zum Beispiel ein Mitarbeiter des Clubs sein. Und davon gibt es ja einige. Da gibt es die Damen und Herren in den Büros. Diejenigen, die im Hintergrund tätig sind und die diejenigen, die am Empfang arbeiten.

Da gibt es die Mitarbeiter von Bistros oder Restaurants oder auch die Mitarbeiter eines Pro-Shops.

Und natürlich nicht zu vergessen, die Ranger und die Greenkeeper. Ach so. Und auch erwähnen sollten wir die Pro's. Also die Trainer.

Mit welchen Personen hatten Sie schon einmal eine Begegnung der besonderen Art?

Mit allen? Nein, oder? Doch?

Dann sollten Sie sich vielleicht die Frage stellen, ob es möglicherweise an Ihnen liegt. Denn was ich an dieser Stelle auf gar keinen Fall machen möchte – alle über einen Kamm scheren oder alle schlecht machen. Keineswegs. Ich habe ganz unterschiedliche Erfahrungen gemacht. Und davon waren die überwiegenden sehr positiv.

Aber bleiben wir kurz bei diesen speziellen Menschen, die an allem und jedem etwas auszusetzen haben. Also wir reden an dieser Stelle nicht über Sie. Oder etwa doch?

Es gibt Menschen, die kann man einfach nicht zufriedenstellen. Die finden immer irgendetwas, über das sie sich auslassen können.

Entweder ist das Rough zu hoch. Das Fairway zu schmal. Die Grüns zu schnell oder zu langsam. Der Wind zu stark und die Sonne zu heiß. Ach so, und der Regen zu nass.

Und genau aus diesen ganzen Gründen war das Spiel dieser Personen schlecht. Nein. Das lag nicht an dem Spieler. Natürlich nicht. Wenn es nicht an den oben genannten Dingen lag, dann auf jeden Fall an den Mitspielern.

Der eine rennt immer vor. Der andere flucht zu viel. Und der nächste ist einfach nur doof. Immer sind die anderen schuld.

Sicher. Es gibt genügend Beispiele, bei denen das auch der Fall ist. Einige habe ich in der Vergangenheit auch selbst erlebt. Dazu kommen wir noch. Aber wenn wir mal ehrlich sind, sind wir meistens nicht selber schuld?

Das Schwierige daran ist nur, sich das auch einzugestehen. Es ist doch immer einfacher die Schuld dem anderen zu geben, anstatt sich selbst zu fragen: Was könnte ich denn anders machen, damit ich erfolgreicher werde oder mehr Freude an der Sache habe?

Das bringt mich direkt zu der nächsten Frage:

<u>Welche Hindernisse stehen uns Menschen denn Tag für Tag im Weg?</u>

Darf ich an dieser Stelle mal ausnahmsweise nur von mir selbst sprechen, denn die Hindernisse, die mir täglich begegnen, sind zu vergleichen mit einer dicken, dreifachen Panzerplatte.

Das erste **Hindernis** welches mir morgens begegnet, das bin **ICH** selbst. Es gibt nämlich Tage, da würde ich lieber im Bett bleiben, als schon wieder ins Büro, zum Kunden oder auf den Golfplatz zu fahren.

Ich spreche bewusst nur von mir, denn auf Sie trifft das ja nicht zu. Sie sind ja morgens frisch, motiviert, voller Elan und Tatendrang, oder?

Wenn es mir dann gelingen sollte, dieses erste Hindernis so einigermaßen in den Griff zu bekommen, dann steht direkt das nächste Hindernis vor mir. Ich nenne es mal das **DU-Hindernis**.

Was kann das sein? Das kann der nervende Autofahrer vor mir sein, der seinen Führerschein anscheinend im Lotto gewonnen hat. Das kann der Mitarbeiter des Golfclubs sein, der heute einen schlechten Tag erwischt hat. Oder das kann mein Flight-Partner sein, den ich einfach nicht besonders mag.

Sollte es mir trotzdem gelingen, auch das zweite Hindernis so einigermaßen in den Griff zu bekommen, ist noch nicht Schluss. Sondern Ruck Zuck steht das dritte Hindernis vor mir. Ich nenne es mal das **ES-Hindernis**.

Was kann das sein? Das sind in der Regel irgendwelche materiellen oder physikalischen Grenzen, die uns einfach nicht erlauben, das zu tun, was wir gerne tun wollen.

Das kann der viel zu weit hinten gesteckte Abschlag sein, der nicht mal zwei Schlägerlängen nach hinten Platz ermöglicht.

Das kann der Platzarbeiter sein, der nebenan Lärm macht, damit der Platz in einem tollen Zustand ist.

Das können die Regeln sein, die heute nicht erlauben, den Ball besser zu legen. Usw., usw.

Und wenn wir mal ehrlich sind und uns eingestehen, dass diese drei Hindernisse Tag für Tag immer wieder auf uns zukommen können, dann stellt sich doch die Frage:

Wo sind wir denn in der Lage, auf Anhieb, etwas zu verändern? Können wir das **DU-Hindernis**, den Autofahrer, den Mitarbeiter oder den Flight-Partner auf Anhieb verändern? Nein!

Können wir die **ES-Hindernisse**, die Regeln, den Lärm, den Abschlag auf Anhieb verändern? Nein!

Wo liegt also unsere einzige Chance? Richtig. Bei uns zu beginnen und uns so zu verändern, dass es uns leichter fällt, mit diesen DU und ES-Hindernissen besser fertig zu werden.

Aber liegt genau da nicht auch die große Schwierigkeit? Ist es nicht immer einfacher die Schuld den anderen zu geben?

Na klar. Einfacher ist es auf jeden Fall. Aber bringt es uns weiter? Mit Sicherheit nicht.

Wir haben Anfang November, je nach Wettersituation, die Möglichkeit, vorgabewirksam „Herrengolf" zu spielen. Der Platz ist relativ nass. Es ist sehr viel Laub auf einigen Flächen. Die Fairways werden teilweise aerifiziert und gesandet. Aber es ist trotzdem möglich, auch durch Ball-Reinigen oder Besser-Legen, eine vernünftige Runde Golf zu spielen.

Nach einer dieser Runden traf ich auf einen Flight, der gerade fertig war. Folgende Aussagen kamen:

„Da kann man doch gar nicht spielen, wenn da so viel Laub liegt. Vorgabewirksam spiele ich nicht mehr."

„Auf den Fairways lag teilweise viel zu viel Sand. Da kann man doch nicht richtig spielen."

„Der Boden ist viel zu matschig, da hat man gar keinen richtigen Stand mehr."

Wie waren deren Ergebnisse? Schlecht.

Warum haben aber andere Spieler 36 Nettopunkte und mehr erspielt? Es geht also anscheinend doch.

Worauf möchte ich hinaus?

Es gibt immer Gründe warum etwas nicht funktioniert oder wieso man so schlecht spielt. Nur niemals ist man selber schuld. Seltsam oder?

„Wenn Euch das alles nicht passt, dann spielt doch einfach nicht. Wo ist das Problem?"

Anstatt froh zu sein, dass der Platz noch in einem solch guten Zustand ist, denn das war er auf jeden Fall, wird über alles nur gemeckert. Freut Euch doch, dass die Sommergrüns noch offen sind, dass überhaupt noch ein Turnier gespielt wird.

Nein. Keineswegs. Lieber schimpfen über alles und jeden. Das ist einfacher.

Verstehen Sie mich bitte nicht falsch. Natürlich habe ich auch schon über die zu hohen Roughs geflucht. Über den zu hohen First-Cut oder über zu wenig Sand im Bunker. Das ist doch klar. Aber letztendlich bin ich doch selber schuld. Warum spiele ich auch dort hin?

Jetzt könnten Sie natürlich sagen, wir sind doch keine Profis, wir haben alle mal irgendwelche Ausreißer. Das ist richtig. Aber woran liegt das sehr häufig?

Daran, dass wir uns nicht richtig konzentrieren, das wir uns nicht richtig ausrichten oder das wir die Hinweise unserer Trainer nicht richtig umsetzen.

Aber klar. Schuld ist der unebene Abschlag. Der Wind, der auf einmal aufkommt. Der war vorher gar nicht da. Aber gerade jetzt, als ich schlagen will, da weht er so stark, dass der Ball im Rough landet. Natürlich, der Wind ist schuld. Was auch sonst?

Übrigens, die Leute die mich kennen, die Fragen sich vielleicht: Wieso schreibt gerade der solche Sachen? Der Kerl regt sich doch auch immer wieder auf.

Da haben Sie vollkommen Recht. Nur, ich rege mich in der Regel über mich selber auf. Über meine eigene Blödheit. Natürlich gehört sich das nicht. Das entspricht nicht der Etikette, das stimmt. Aber manchmal müssen Emotionen einfach raus. Ob das Spiel danach besser wird? Nein. Meistens nicht. Es wird erst dann besser, wenn man sich wieder beruhigt hat, wenn man sich wieder auf seine Stärken konzentriert.

Ich habe im Laufe der letzten 10 Jahre viel gelernt. Nicht nur über das Golfen. Sondern auch über mich.

Und ich darf Ihnen sagen, ich bekomme mich immer besser in den Griff. Ab und zu kommt noch mal der „Neandertaler" durch, aber er ist auch schnell wieder verschwunden.

Mein Vater hat mal so schön gesagt:

„Wenn Du ein paar tolle Schläge machst, dann denkst du, du kannst es. Nach ein paar schlechten Schlägen, denkst du, du hast noch nie einen Schläger in der Hand gehabt."

Nicht umsonst spricht man davon, dass man durch das Golfen Demut lernt. Das kann ich nur unterstreichen. Aber Golfen soll doch auch Spaß machen. Es soll Freude bereiten. Es soll anstrengend, aber auch gleichzeitig erholsam sein. Warum anstrengend? Weil man sich vier bis fünf Stunden auf den Beinen hält. Bis zu acht Kilometer läuft und dabei noch den Ball ins Loch befördern muss. Man weiß, was man getan hat, wenn man am „19. Loch" sitzt.

Warum Spaß und Freude? Weil wir überhaupt die Möglichkeit haben, diesen wundervollen Sport auszuüben. Weil wir uns die Zeit nehmen können, vier bis fünf Stunden durch die Natur zu gehen. Ohne an die Arbeit oder an sonstiges zu denken. Weil es unserem Körper und unserem Geist gut tut.

Auch hier passt wieder ein Werkzeug aus dem Verhaltenstraining wie die Faust aufs Auge:

AUF DIE RICHTIGE INNERE EINSTELLUNG KOMMT ES AN!

Wenn wir die richtige innere Einstellung haben, dann verändert sich unser Verhalten auch dementsprechend.

Wir müssen nur erst mal dahin kommen, zu der richtigen inneren Einstellung. Für manche ein harter und steiniger Weg. So hart und steinig, wie einige Teichumrandungen.

Auf der anderen Seite habe ich immer wieder das Gefühl, dass es einigen Menschen völlig egal ist, welche innere Einstellung sie zu einer Sache haben. Da wird auch keine Rücksicht genommen auf die Mitmenschen. Nein, da wird nur an sich selbst gedacht.

An wen ich gerade denke? An wen denken Sie gerade?

Mir fällt spontan die Art von Menschen, bzw. Spielern ein, die es mit den Regeln nicht so genau nimmt. Oder sagen wir es ganz offen, die schummeln und betrügen was das Zeug hält. Diese Egoisten. Denken nur an sich. Meinen auch, dass das keiner mitbekommt. Schön blöd.

Leider hatten wir vor kurzem wieder einen dieser Fälle in unserem Flight. In einem vorgabewirksamen Turnier auch noch. Was war passiert?

Wir standen auf dem Grün eines Par 3-Loches.

Sonderwertung "Nearest to the Pin". Zwei Bälle sind auf dem Grün. Der andere sehr weit weg im Rough. Mein Ball ist ca. 10 Meter von der Fahne entfernt. Der meines Mitspielers ca. vier bis fünf Meter.

Während der dritte Spieler zu seinem Ball geht und ich meinen Ball markiere und die Pitchmarke ausbessere, höre ich nur wie der zweite Spieler auf dem Grün seine Markierung mit dem Putter nach vorn kickt. Ja genau. Eine Metallmarkierung. Es macht zwei Mal klick und schon liegt er 30 Zentimeter näher zur Fahne.

Der dritte Spieler bekommt davon nichts mit. Ich schon. Wie würden Sie reagieren? Ich war nicht sein Zähler. Ihn trotzdem disqualifizieren lassen? Sich die letzten 8 Bahnen versauen? Die ganze Runde wäre hinüber. Ich habe nichts gesagt. Ich habe mir nur meinen Teil gedacht. Vielleicht war es falsch.

Ob er den Preis „Nearest to the Pin" gewonnen hat? Ja. Aber er war bei der Siegerehrung nicht anwesend. Deshalb ging der Preis in die Tombola für die Jahresabschlussveranstaltung. Vielen Dank. Wozu also der Aufwand?

Aber wie frech und dreist ist das? Meint er eigentlich, um ihn herum sind alle taub und blind? Und der Hammer kommt zwei Bahnen später.

Ein Par 4. Er liegt mit dem zweiten Schlag auf dem Grün. Sehr langer erster Put. Viel zu kurz geblieben. Nächster Put zu lang. Dritter Put vorbei. Und den vierten kurzen Put will er dann ganz locker mit der Rückseite des Putters reinschieben. Geht aber auch vorbei. Aussage an seinen Zähler:

„Ach schreib mir eine Sechs auf."

Sein Zähler schaut ihn an: *„Wie bitte?"*

„Ja, schreib mir eine Sechs auf."

„Nein, das mache ich nicht. Das war eine Sieben."

Der Zähler schaut mich an, ich nicke ihm zu. Korrekt, das geht ja mal gar nicht. In dem Moment ärgere ich mich, dass ich zwei Bahnen vorher nichts gesagt habe. Heute würde ich es sofort tun. Wie gesagt, man lernt dazu.

Kennen Sie solche Beispiele auch? Wahrscheinlich zu hunderten. Aber warum machen Menschen das? Warum betrügen sie sich selbst? Ganz zu schweigen von den anderen Mitspielern.

Warum lassen immer wieder Spieler, die ihren Ball suchen, sich im tiefsten Rough bewegen, auf einmal einen Ball aus der Hosentasche fallen und sagen dann:

„Ach, hier ist er. Ich habe ihn gefunden."

Warum verändern sich auf den Scorekarten manchmal die Ergebnisse? Da wird nach der Runde gemeinsam alles abgeglichen und auf dem Weg nach oben – einer muss ja die Karten im Office abgeben – da verändern sich, wie von magischer Hand, auf einmal die Ergebnisse. Was soll das?

Die belügen sich doch selbst. Dieses zusammengetrickste Handicap sieht aber auch toll aus. Hauptsache nach außen hin den Schein waren, aber sein Handicap niemals wieder spielen. So ein Schwachsinn.

Apropos Schwachsinn. Die Turniere auf den 9 Loch-Plätzen, die auf 18 Loch angerechnet werden. Sie wissen, was ich meine. Die spielen sich auf irgendeinem kleinen 9 Loch-Platz runter, kommen auf einen grossen 18 Loch-Platz und spielen ihr Handicap nie wieder. Das kann doch keinen Spaß machen. Aber da sind wir wieder bei den ES-Hindernissen. Die können wir auf Anhieb nicht verändern, also beschäftigen wir uns auch nicht weiter damit.

Sie merken, wir befinden uns mittlerweile auf dem Platz. Wir sind mitten drin im Geschehen.

Da stellt sich mir allerdings die Frage: Gibt es heutzutage eigentlich noch Regel- und Etiketteschulungen? Müssen die angehenden Golfer noch Prüfungen ablegen? Also unabhängig von der Platzreife.

Wobei in dem Wort steckt es ja schon drin. Platz-Reife. Sind die alle schon reif, auf den Platz zu gehen? Sie können sich diese Frage wunderbar selbst beantworten. Denken Sie nur mal an Ihre letzten Turniere, bei denen Sie den einen oder anderen „Neuen" dabei hatten.

Na klar, jeder hat mal angefangen. Es ist erst mal alles neu. Man muss an vieles denken. Man ist nervös und aufgeregt bei den ersten Turnieren, die man spielt.

Aber muss man sich deshalb in die Verlängerung der Putlinie stellen? Oder muss man sich deshalb genau hinter die Aufschwunglinie des Spielers stellen, wenn er abschlägt?

Muss man über den ganzen Platz brüllen *„nein noch weiter nach vorn, der war länger"*, obwohl der dritte Spieler gerade seinen Ball anspricht und schlagen will? Nein, muss man nicht. Aber kann man. Selbst erlebt. Um nur ein paar Beispiele zu nennen.

Auch hier wieder die Frage: Den anderen darauf ansprechen? Ja oder nein? Muss jeder für sich selbst entscheiden. Hängt wahrscheinlich von seiner eigenen Tagesform und von den beteiligten Menschen ab.

Nur, wenn ich meinen Mitspieler freundlich darauf anspreche, dass er sich bitte beim Putten nicht in mein

Sichtfeld stellen möchte und er es zwei Bahnen später dann doch wieder macht, dann stellt ich mir die Frage, ob es was bringt, wenn ich ihn erneut darauf anspreche? Ein böser Blick hat auch nichts bewirkt. Also am besten versuchen das Ganze auszublenden.

Um auf die Eingangsfrage zurückzukommen. Eigentlich müssten alle Golfer solche Dinge bei den Etikette- und Regelschulungen gelernt haben. Eigentlich.

Wobei natürlich gerade die Regeln immer wieder viele Fragen aufwerfen. Ich bin da auch nicht vollkommen. Aber die groben Sachen sollten wir doch kennen. Wasserhindernisse. Wo droppen? Wie viele Schlägerlängen? Provisorischen Ball ankündigen, usw.

Sie haben vollkommen Recht. Wir können nicht alles wissen, wir sind ja keine Profis. Sogar die Profis müssen des Öfteren mal den Platzrichter um Rat fragen. Es ist nun mal ein sehr komplexes Thema.

Auf der anderen Seite gibt es auch bei diesem Thema wieder die absoluten Fachleute unter den Hobbygolfern. Es gibt solche, die einem helfen, die man fragen kann und einem dann gern Auskunft geben. Es gibt andere, die lassen dich einfach machen.

Nachdem du geschlagen hast, kommt dann die Aussage: *„Du kriegst zwei Strafpunkte, weil Du das und das falsch gemacht hast."*

Was für ein A... oder? Warum sagt er mir das nicht vorher? Oder weist mich unter vier Augen darauf hin. Steht er darauf, anderen das danach ins Gesicht zu reiben? Was für Menschen machen so etwas?

Dieselben, die einem entgegenkommen und zu blöd sind, zu grüßen. Ich muss es einfach sagen, wie es ist. Zu blöd.

Sie merken, ich lasse gerade wieder meinem „Neandertaler" freien Lauf. Aber ist doch wahr. Was haben diese Menschen, diese Golfer davon?

Das Schöne daran ist, irgendwann rächt sich dieses Verhalten. Da wird mal der Bunker nach betreten nicht gefegt, der nachfolgende Flight sieht das, spricht den Übeltäter darauf an und was passiert?

Es gibt einen blöden Kommentar. Keine Einsicht, keine Reue. Nein. Wozu auch? Er ist doch der beste und größte. Hauptsache einstelliges Handicap. Aber von Etikette und zwischenmenschlichem Verhalten keine Ahnung.

Geht es Ihnen auch so, dass Sie sagen, nein mit dem spiele ich auf gar keinen Fall.

Da würde auch die Frage „Warum freue ich mich?" nicht mehr helfen.

Schwierig wird es natürlich, wenn man die Menschen vorher nicht kennt. Man spielt ein Turnier, geht mit einer positiven Einstellung zum 1. Abschlag und man weiß schon nach wenigen Minuten, das kann ja heiter werden.

Was sollen wir jetzt machen? Wir können ja nur versuchen, das Beste aus der Situation zu machen. Der Platz ist ja groß, die Fairways breit. Da kann man sich aus dem Weg gehen. Okay, auf den Grüns trifft man unweigerlich wieder aufeinander und am nächsten Abschlag auch. Aber danach geht man schön auf Distanz.

Aber ist das im Sinne des Erfinders? Golfen soll doch Spaß machen. Es soll Freude bereiten. Man soll in netter Umgebung was Schönes machen. Meistens funktioniert das ja auch. Aber leider nicht immer.

Sie merken es, wir kommen immer wieder auf die DU – und ES-Hindernisse zurück.

Ein DU-Hindernis, welches mir vor einiger Zeit begegnet ist, war ein Ranger. Was war passiert? Wir waren ein sehr langsamer Flight. Was hauptsächlich an uns lag, weil wir viel suchen mussten. Und was auch teilweise an dem Flight vor uns lag.

Hinter uns liefen die nächsten Flights auf. Sie kennen das. Kann alles mal passieren.

Wir spielen die Bahn 9. Liegen alle mit dem 2. Schlag ganz gut. Können versuchen, das Grün mit dem dritten Schlag anzuspielen. Als auf einmal ein Ranger links vom Grün auftaucht. Er steht dort, hat die Startliste in der Hand und schaut auf die Uhr. Er steht dort sichtbar für uns. Er steht nicht nur dort, er stört. Denn jeder weiß, dass erstens auch mal ein Ball nach links oder rechts gehen kann und dass zweitens, es einen irritiert, wenn dort jemand direkt neben dem Grün steht.

Was passiert also konkret? Wir alle verhauen den dritten Schlag. Aus unterschiedlichen Gründen. Mein Grund war der Ranger. Genau, ich habe die Schuld sofort bei ihm gesucht. Und er hatte sie auch. Was steht der auch da rum?

Er kann doch auch hinter den Büschen stehen, so dass wir ihn nicht sehen und alles wäre gut. Aber er bleibt dort stehen. Auch während der weiteren Annäherungen, während des Puttens, er bleibt dort stehen. Mit seinem Zettel in der Hand und dem Blick auf die Uhr.

Wie würde es Ihnen jetzt gehen? Und wie würden Sie reagieren?

Ach so, Sie wollen erst wissen, wie es weiter ging?

Kein Problem. Nachdem wir geputtet hatten, alle mehr oder weniger erfolglos diese Bahn gespielt hatten, kam von ihm die Aussage:

„Sie sind aber spät dran. Laut Vorgabe müssten Sie schon seit 15 Minuten durch sein."

Was fällt Ihnen auf? Richtig, kein *„Guten Tag"* oder *„Hallo"*. Wozu auch. Wir hatten uns übrigens vorher noch nicht gesehen. Aber hey, kein Problem. Tadel uns direkt. Aber nicht mit mir.

„Also erst mal heißt das Guten Tag. Und zweitens, standen Sie so, dass wir uns alle gestört fühlten, als wir das Grün anspielen wollten."

„Ich stand doch gar nicht in Ihrem Sichtfeld."

Ja genau. Immer noch kein *„Guten Tag"*. Wozu auch. Und er stand also nicht in unserem Sichtfeld? Okay. Und wieso haben wir ihn dann alle gesehen? Also irgendwas stimmt hier doch nicht. Und man muss dazu sagen, dieser Ranger ist selber Golfer.

„Tolles Verhalten. Und vielen Dank für Ihre freundliche Art und Weise."

Das waren meine Worte, als wir zum Abschlag der 10. Bahn gingen. Mein Mitspieler sagte nur: *„Reg' Dich nicht auf. Das bringt doch nichts."*

Recht hatte er. Die nächsten Bahnen verliefen sehr bescheiden. Die Runde war gelaufen. Okay, war sie vielleicht vorher auch schon.

Aber diese arrogante Art und Weise, die Uneinsichtigkeit, dieser Ton. Alles das hat einfach nur genervt. Da half auch kein „Warum freue ich mich trotzdem?" mehr. Da denkt man in solchen Situationen auch nicht als erstes dran.

Nach der Runde gab ich die Scorekarten im Büro ab und wem begegnete ich dort? Besagtem Ranger. Mit einer Selbstgefälligkeit stand er dort und plauderte mit den Angestellten.

Aber nicht mit mir. Mein „Neandertaler" war immer noch auf Betriebstemperatur.

„Finden Sie Ihre Art eigentlich angemessen, so wie Sie vorhin mit uns gesprochen haben?"

Er schaute mich ganz entgeistert an.

„Wieso? Was habe ich denn gemacht?"

Kurz vor der innerlichen Explosion habe ich ihm unsere Sicht der Dinge noch mal geschildert und bekam dann nur die Aussage zurück.

„Ich habe Sie nicht gestört. Von dort, wo Sie waren, kann man das Grün eh nicht anspielen."

Wie bitte? Was ist denn jetzt los? Was meint der Kerl denn, wo wir gestanden haben?

Mein Gesichtsausdruck sprach Bände, so dass er weiter sagte: *„Sie waren doch bei 160 Metern."*

Oh mein „Neandertaler" wollte ihm an die Gurgel springen. Aber ich versuchte einigermaßen ruhig zu bleiben.

„Also, erstens waren wir alle bei ca. 140 Metern bis zum Grün. Und auch wenn es 160 Meter gewesen wären, was ja nicht der Fall war, dann spielen wir das Grün trotzdem an, und dann stören Sie, wenn Sie 15 Meter von der Fahne entfernt, direkt neben dem Grün stehen."

„Sie waren doch viel weiter weg."

Ich habe mich dann nur noch umgedreht und das Büro verlassen, weil ich sonst für nichts hätte garantieren können. Was soll man davon halten? Hätte ich anders reagieren sollen? Hätte ich gar nichts sagen sollen? Da kann ich nicht aus meiner Haut. Alles in sich reinfressen ist doch auch nicht gesund.

Zu Beginn der neuen Golfsaison hatte ich natürlich die Hoffnung, dass dieser Ranger nicht mehr da war. Wem begegnete ich als erstes? Genau. Ihm. Was glauben Sie, wie ich reagiert habe?

Ich habe ja gesagt, ich werde älter und vielleicht auch ein bisschen weiser. Auf jeden Fall war ich ein Jahr älter und habe folgendes gemacht. Ich bin auf den Ranger zugegangen und habe ihn gefragt:

„Können Sie sich noch an mich erinnern?"

Er zögerte leicht, als wenn er sagen wollte „Nein". Aber natürlich konnte er sich erinnern. Wer kann mich schon vergessen?

„Wir hatten im letzten Jahr diese kleine Auseinandersetzung. Und da man die Vergangenheit ja ruhen lassen soll, würde ich gern nochmal neu anfangen."

Während ich das sagte, reichte ich ihm die Hand und er stimmte der ganzen Sache zu.

Spricht das nicht von Größe? Bin ich da über meinen Schatten gesprungen? Und wie. Glückwunsch zu dieser Tat. Ich muss mich an dieser Stelle mal selbst loben. Sonst macht das ja keiner.

Was passierte in der folgenden Zeit? Immer dann, wenn wir uns über den Weg liefen, grüßten wir uns freundlich und alles war gut.

Wenn ich diesen Weg auf ihn zu nicht gegangen wäre, hätte ich mich jedes Mal geärgert, wenn ich ihn auch nur aus der Ferne gesehen hätte. Jetzt ist aber alles gut. Ist das nicht prima?

Warum diese konkrete Vorgehensweise?

Weil mir ein Werkzeug aus dem Verhaltenstraining eigefallen ist. Und zwar folgendes:

JEDER MENSCH HAT AUS SEINER SICHT GESEHEN RECHT, DENN ER SIEHT ES SO!

Das Ganze baut sich in unserem Training so auf, dass wir zuerst einen Punkt erarbeiten, den wir alle schon mal gehört haben:

ALLES HAT ZWEI SEITEN!

Ist das neu für uns? Nein. Aber was verbirgt sich hinter diesem Satz? Für uns etwas ganz wichtiges, nämlich dass wir uns ab sofort weniger ärgern werden. Warum?

Kommen wir nochmal zum 19. Loch. Wir sitzen mit vier Personen verteilt um einen Tisch im Restaurant. Auf dem Tisch steht eine Flasche Wasser und ein Glas. Der rechts sitzende sagt: *„Rechts steht die Flasche und links steht das Glas."*

Der vorn am Tisch sitzende sagt: *„Vorn steht das Glas und dahinter steht die Flasche."*

Derjenige der links sitzt sagt: *„Stimmt doch gar nicht. Rechts steht das Glas und links steht die Flasche."*

Und der Spieler, der oben vor Kopf sitzt sagt: *"Ich weiß gar nicht was Ihr wollt, ich sehe nur Flaschen. Äh, nur die Flasche."*

Wer hat denn nun Recht von diesen vier Personen? Jeder hat aus seiner Sicht gesehen Recht, denn er sieht es so.

Und so wie bei diesem einfachen und simplen Beispiel, ist das mit ganz vielen Dingen im Leben auch. Jeder Mensch hat eine unterschiedliche Blickrichtung auf das, was dort gerade passiert. Und was machen wir sofort? Wir fangen an zu diskutieren. Wir beharren auf unserer Meinung und geben keinen Zentimeter nach.

Wie gehen wir dann auseinander? Was für ein blöder Kerl. Immer will er Recht haben. Der lässt sich aber auch nichts sagen. Usw., usw.

Anstatt einfach mal, bildlich gesprochen, von seinem Standpunkt aufzustehen und auf die Seite des anderen zu gehen, um sich zu fragen: Warum sieht er das so? Um aus seiner Sicht vielleicht nachvollziehen zu können, warum er so argumentiert. Gleichzeitig aber auch den anderen dazu auffordern, mal seine Seite zu verlassen und auf unsere Seite zu kommen, damit wir ihm sagen können, warum wir es so sehen.

Und genau das habe ich mit meinem neuen „Freund", dem Ranger, gemacht. Ich habe mich einfach gefragt, warum hat er so reagiert, wie er es an jenem Tag getan hat?

Entweder ist ihm eine Laus über die Leber gelaufen, also auf Neudeutsch, er war schlecht drauf. Oder er hatte einfach nur das Ziel, die Spieler des Turniers auf die Zeit hinzuweisen und für ein zügiges Spiel zu sorgen. Dazu fehlte ihm dann einfach etwas Fingerspitzengefühl.

Was auch immer es war, im Nachhinein spielt es keine Rolle mehr. Für mich hat sich gezeigt, dass man viel öfter mal über seinen eigenen Schatten springen muss. Natürlich war das an dem besagten Tag, auf dem 9. Grün nicht möglich. Aber vielleicht gelingt es mir ja in Zukunft, solche Situationen gelassener zu sehen oder anders anzugehen.

Denn liebe Golfer, erleben wir nicht immer wieder aufs neue Situationen, auf und um den Platz, über die wir uns herrlich aufregen könnten?

Da ist der zu langsame Flight vor uns, denen man während des Gehens noch die Schuhe besohlen könnte.

Da sind wieder die Spezialisten vor uns auf dem Grün, die jeden Grashalm von allen Seiten begutachten.

Da ist der andere Flight, der an fast jeder Bahn seine Bälle sucht, aber nicht auf die Idee kommt, uns durchspielen zu lassen.

Da läuft auf einmal ein Spieler hinter dem Grün entlang, welches wir gerade anspielen wollen, weil er eine Abkürzung nimmt.

Da lassen die Spieler des Flights vor uns mal wieder ihre Bags vor dem Grün stehen, so dass sie alle wieder zurückgehen müssen, anstatt den schnelleren und kürzeren Weg zur Seite zu nehmen.

Da wird mal wieder nicht im Bunker geharkt, die Divots zurückgelegt oder die Pitchmarken ausgebessert.

Soll ich noch weiter machen?

Ein bisschen mehr Mitdenken, Rücksichtnahme und Pflege der Etikette, das wäre doch schön, oder? Ist das denn zu viel verlangt? Sind diese Menschen zu faul oder einfach nur zu blöd? Oder sind sie einfach nur egoistisch? Was kümmern mich die anderen? Ich bin mir selbst am nächsten.

Aber wehe, diese Personen kommen aufs Grün und müssen selber über eine nicht ausgebesserte Pitchmarke putten, dann ist aber der Teufel los.

Auf der anderen Seite, wenn man mal das „Vergnügen" hat, mit solchen Menschen zu spielen, dann merkt man ganz schnell, für wen die sich interessieren. Für wen? Na klar, nur für sich selbst. Die darf man teilweise auch gar nicht ansprechen oder nur andeuten, dass gerade das und das zu sehen war.

Was ja auch in Ordnung ist. Jeder so wie er mag. Golfen ist nicht für alle ein schönes Hobby. Für viele ist es ein verbissen geführter Sport. Das Ergebnis muss stimmen. Da kann man sich schon mal aufs Grün legen, um die Putlinie aber auch haargenau zu studieren. (Um dann nachher doch drei Puts zu benötigen.)

Was interessieren mich da meine Mitspieler. Die sollen doch selber sehen, wie sie klar kommen.

Ein Bekannter hat mir erzählt, dass er vor vielen Jahren auch mal Golf gespielt hat. Eines seiner ersten Turniere wird er so schnell nicht vergessen. Warum? Einer seiner Mitspieler, hat auf die Frage, ob sie sich den Duzen sollen, gesagt:

Ja, ich biete Ihnen das <u>Tages-Du</u> an!"

Wie bitte? Das Tages-Du? Haben Sie so etwas schon mal gehört? Ich nicht. Vielleicht war das früher so üblich. Aber heutzutage ist doch einiges lockerer geworden, oder?

Möglicherweise hängt das aber auch mit dem entsprechenden Club und den jeweiligen Mitgliedern zusammen. Kann sein, dass es das bei alt eingesessenen, sehr elitären Clubs immer noch gibt.

Ich habe das große Vergnügen in einem Club zu spielen, bei dem einiges etwas lockerer ist. Was nicht heißt, dass dort jeder machen kann, was er will. Aber die ganze Atmosphäre ist doch recht entspannt.

Allerdings wiederum auch nicht so entspannt, dass man mit einem alten ausgeleierten T-Shirt auf die Runde gehen kann. Ein Gast hatte das nämlich mal vor. Sein Problem war nur, dass der Mens-Captain auch am Abschlag stand und ihm dann gesagt hat, dass er so nicht auf den Platz darf.

Etwas verwundert sagte er dann nur, dass er kein anderes Shirt dabei hätte. Daraufhin empfahl ihm unser Captain den Pro-Shop, in dem es ausreichend Polo-Shirts gäbe. Was er dann auch wahrgenommen hat.

Ob er sich dann noch auf seine Golfrunde gefreut hat, wage ich zu bezweifeln.

Aber so locker und gut drauf unser derzeitiger Captain sonst auch ist, so konsequent war er in dem Moment. Klasse reagiert.

Und genauso konsequent reagiert auch der Club.

Da passiert es nämlich auch ab und zu, dass Verträge bestimmter Spieler nicht verlängert werden. Die müssen sich einen neuen Club suchen. Manchmal trifft es die richtigen. Ich sage nur pfuschen und so. Wenn Sie diese „Spezialisten" jetzt bei sich im Club haben sollten, tut mir das leid.

Apropos gute Clubs, schlechte Clubs. Woran erkennen wir denn die guten Clubs? Und was heißt eigentlich gut? Sind die gut zu erreichen? Sind die besonders gut gepflegt? Sie die gut zu ihren Mitgliedern?

Es gibt so viele Faktoren, die bei der Bewertung von Golfclubs eine wichtige Rolle spielen. Warum wechseln so viele Menschen die Clubs? Weil sie unzufrieden sind? Wahrscheinlich. Womit? Der Clubführung? Dem Platz? Dem Service? Dem Restaurant? Den sanitären Anlagen? Den Übungsmöglichkeiten? Den Mitarbeitern? Den Mitgliedern?

Wir erleben speziell beim Herrengolf immer wieder die Situation, dass neue Mitglieder hinzukommen. Das ist auch schön und wichtig. Denn irgendwann sterben uns sonst ja alle weg. Nur auch bei diesen neuen Gesichtern gibt es solche und solche. Es gibt Menschen, die man mag und es gibt die anderen.

Ich kann mich noch sehr gut an meine Anfangszeit erinnern.

Gerade die Platzreife erhalten, fünf sechs Mal auf dem Platz gewesen und schon direkt zum Herrengolf. Es war alles neu. Die Mitspieler. Der Turniermodus. Das ganze Drumherum. Dementsprechend habe ich auch gespielt. Grauenhaft.

Okay, das passiert mir heute auch noch. Das Gefühl, als hätte man alles verlernt. Sie wissen, was ich meine. Wobei das auf Sie natürlich nicht zutrifft.

Worauf wollte ich eigentlich hinaus? Ach ja, neue Mitglieder, neue Mitspieler. Es ist immer schwer in eine Gemeinschaft hineinzukommen. Das ist meistens ein eingeschworener Haufen. Die kennen sich alle schon viele Jahre, fahren zusammen auf Vatertags Touren oder in den Urlaub.

Denkt man sich. Wenn man allerdings etwas genauer hinter die Fassade sieht, fällt einem schnell auf, dass das gar nicht so ist. Na klar, es gibt die Grüppchen, die Früh-Spieler, die Spät-Spieler. Es gibt diejenigen, die sich auch an anderen Tagen regelmäßig zum „Zocken" treffen.

Auf der anderen Seite gibt es aber auch unter diesen Gruppen immer wieder welche, die sich nicht leiden können. Man muss nur mal zwischen den Zeilen lesen.

Oder mal etwas genauer hinsehen, dann fällt einem schnell auf, wo der Hase langläuft. Also nicht nur der mit den vier Beinen.

Aber all das spielt doch eigentlich gar keine Rolle. Wir freuen uns doch. Wir freuen uns, dass wir die Möglichkeit haben, zum Beispiel mittwochs Herrengolf zu spielen. Während andere im Büro sitzen oder sonst wo ihrer Arbeit nachgehen, haben wir diese unfassbar tolle Möglichkeit. Wissen wir das überhaupt zu schätzen?

Ich habe in der letzten Zeit öfter mit Menschen zusammengespielt, die noch voll im Berufsleben stehen. Die müssen und wollen noch arbeiten. Aber auch sie haben die Möglichkeit, es sich so einzurichten, dass sie an diesem besagten Mittwoch ab mittags auf dem Golfplatz stehen. Natürlich bleibt dann Arbeit liegen. Die wird dann abends oder am Wochenende nachgeholt. Ob das ein Widerspruch in sich ist?

Auf der einen Seite sich die vier bis fünf Stunden Zeit zu nehmen, um diesen kleinen weißen Ball durch die Gegend zu schlagen und auf der anderen Seite, die Arbeit später nachzuholen? Setzen wir uns dann nicht auch wieder unter Druck?

Mag sein. Jedoch sollte dieser Tag dazu dienen, Spaß zu haben.

Spaß am Golfen, an dem hoffentlich schönen Wetter und an dem möglichst netten Flight. Freude darüber zu haben, den Kopf einmal „durchlüften" zu können. Mal abschalten. Die Arbeit Arbeit sein lassen.

Aus dieser Energie und Zufriedenheit schöpfen wir doch auch wieder unsere Kraft. Wir gehen mit neuer Energie an unsere beruflichen oder privaten Aufgaben. Und gleichzeitig freuen wir uns auf den nächsten Mittwoch, an dem wir wieder ausbrechen können. Raus aus dem Hamsterrad. Rein in die Natur.

Genießen Sie eigentlich Ihre Golfrunden?

Oder sind Sie der vorhin angesprochene verbissene Typ?

Haben Sie Freude an der Natur, der frischen Luft, auch wenn Sie vielleicht gerade nicht Ihr bestes Golf spielen?

Sitzen Sie nachher auf der Terrasse und ärgern sich über Ihr schlechtes Spiel?

Wenn Sie gut gespielt haben, wollen Sie es dann auch direkt jedem mitteilen, auch wenn es den anderen vielleicht gar nicht interessiert?

Oder nehmen Sie Ihren Frust sogar mit nach Hause?

Warum ich Ihnen diese ganzen Fragen stelle?

Weil wir hier wieder wunderbar den Bezug zu unseren Verhaltenstrainings herstellen können. Es gibt dort nämlich einige sehr prägnante Werkzeuge:

Entscheidend ist nicht was Du weißt, was Du kannst oder wer Du bist – sondern wie Du mit diesen Fähigkeiten auf Deinen Gegenüber wirkst!

Auf die persönliche Wirkung kommt es an!

Für den ersten Eindruck gibt es keine zweite Chance!

Den einen oder anderen Satz haben Sie mit Sicherheit auch schon gehört. In wieweit kann uns das beim Thema Golfen helfen?

Es gibt zu dem Punkt - **Auf die persönliche Wirkung kommt es an!** – noch einige Unterpunkte.

Der erste lautet ganz allgemein:

Wir wirken immer!

Was verbirgt sich dahinter? Wir können uns unserer eigenen Wirkung nicht entziehen. Sobald wir nicht mehr alleine auf dem Platz sind, fangen wir an zu wirken.

Denken wir nur an die Freunde vom Parkplatz oder von der Drivingrange. Auch die haben auf uns gewirkt.

Okay, wir natürlich auch auf Sie. Aber das war ja ganz bewusst so gewählt.

Es braucht gleich wenig oder gleich viel, um 100 % positiv oder negativ zu wirken!

Was soll das heißen? Die gleiche Tat bei verschiedenen Anlässen kann eine ganz gegenteilige Reaktion hervorrufen. Zum Beispiel, ein Lachen auf einer Hochzeit ist etwas sehr positives. Das gehört dort hin. Ein Lachen auf einer Beerdigung könnte doch sehr makaber wirken, denn das ist dort völlig fehl am Platz. Wir sehen also, die gleiche Tat, bei verschiedenen Anlässen, kann eine ganz gegenteilige Wirkung auslösen.

Die Wirkung auf das Unterbewusstsein!

Worum geht es dabei?

Wir Menschen können uns nicht dagegen wehren, dass jemand anderes bewusst oder unbewusst in unser Unterbewusstsein hineinsendet. Zum Beispiel: Ihr Flightpartner und Sie liegen beide vor einem Wasserhindernis. Wie reagiert Ihr Mitspieler?

„Jetzt haben wir aber eine Aufgabe vor uns. Bloß nicht ins Wasser schlagen."

Was passiert?

Dieser gesagte Satz geht bei uns ins Unterbewusstsein und schon schlagen wir den Ball ins Wasser.

Anstatt sich einfach zu sagen:

„Spiel ihn einfach aufs Grün. Hundertzehn Meter einfach gerade aus. Kein Problem."

Sie haben vollkommen Recht, wenn Sie sagen, ja aber das eine ist ja unser Unterbewusstsein und das andere ist unser Bewusstsein. Das erste können wir nicht steuern, das zweite aber schon.

Das ist richtig. Auf den ersten Blick zumindest. Denn auch wir können unser eigenes Unterbewusstsein im positiven Sinne manipulieren. Allerdings können wir das nur dann, wenn wir uns ganz gezielt darauf konzentrieren.

Also immer dann, wenn wir durch unbedachte Äußerungen unserer Mitspieler oder von uns selbst negativ beeinflusst werden, können wir unser eigenes Unterbewusstsein ganz schnell löschen.

Um es dann mit neuen positiven Impulsen zu bestücken. Das setzt allerdings voraus, dass wir auch erkennen, was da gerade um uns herum passiert. Aber das ist, wie alles im Leben, eine Frage der Übung. Und genau das ist Golfen ja auch.

Man muss immer konstant an sich, an seinem Schwung und an seiner Einstellung arbeiten.

Das trifft genauso auf alle anderen Lebenslagen auch zu. Wir müssen immer konstant an uns arbeiten. Ob es im Beruf, in der Familie oder im Freundeskreis ist. Wenn wir damit aufhören, stehen wir ganz schnell alleine da.

Apropos. Wir haben ja gesagt – **Wir wirken immer!** – Also, wenn wir nicht alleine irgendwo sind. Und unser irgendwo konzentriert sich ja auf den Golfplatz.

Jetzt gibt es Menschen, die wirken allein schon durch ihre Kleidung. Vor kurzem habe ich aus der Ferne ein Pärchen gesehen, die beide Golfhosen in den Farben der amerikanischen Nationalflagge trugen. Das sah schon ganz schön seltsam aus. Was passiert bei mir? Das so genannte Vorurteil steht fest.

Dazu gibt es übrigens auch einen passenden Namen, den Sie vielleicht auch schon mal gehört haben.

Das Eisberggesetz!

Was sagt man von Eisbergen, wieviel ist in der Regel über der Wasseroberfläche und wieviel ist darunter?

70/30, 60/40 oder 80/20? Wie auch immer. Der größere Teil ist unser Unterbewusstsein und der kleinere Teil ist unser Bewusstsein.

Nehmen wir mal an, es treffen zwei dieser Eisberge, also Menschen, aufeinander. Die haben weder miteinander gesprochen, noch haben die sich in irgendeiner Art und Weise berührt. Wo werden bereits die ersten Impulse ausgetauscht? Im Bewusstsein oder im Unterbewusstsein?

Ganz klar im Unterbewusstsein. Dort werden bereits die ersten positiven oder auch negativen Impulse ausgetauscht.

Wie deckt sich das mit Ihren Erfahrungen? Wenn auf Sie ein Mensch zukommt, der Ihnen auf den ersten Blick unsympathisch ist, wonach sucht Ihr Unterbewusstsein jetzt? Nach Punkten, die das widerlegen oder nach Punkten, die das bestätigen?

Ganz klar nach Punkten, die den ersten Eindruck bestätigen. Das Unterbewusstsein wertet wie ein Impulszähler. Es addiert positive oder negative Impulse, wobei der erste Impuls, egal ob Plus oder Minus, immer gleiche Impulse nach sich zieht.

Nehmen wir den Bezug zur Praxis. Sie warten am Abschlag der Bahn 1 auf Ihren Flight-Partner. Dieser biegt um die Ecke und Sie sehen einen Menschen in einer knallbunten Hose, mit roter Brille und einem leicht süffisanten Lächeln.

Wonach sucht Ihr Unterbewusstsein gerade?

Dass dieser Mensch vielleicht ein absolut sympathischer und freundlicher Typ ist, daran denkt Ihr Unterbewusstsein doch nicht. Nein. Das sieht nur den ersten Eindruck und sagt sich wahrscheinlich:

„Oh mein Gott, was ist das denn für ein bunter Vogel? Das kann ja heiter werden!"

So seltsam sind wir Menschen eingestellt. Wie bitte? Sie nicht. Sie urteilen nicht nach Äußerlichkeiten? Dann herzlichen Glückwunsch. Dann sind Sie einer der wenigen. Dann bitte weiter so.

Denn ist nicht gerade bei dieser elitären Sportart der Blick auf den anderen normal? Was hat der für Klamotten an? Welche Schuhe trägt er? Was für Schläger hat er im Bag? Welches Bag nutzt er? Und der Trolley – welches Modell ist es? Alles das Neueste vom Neuesten?

Ist das so? Wird bei den Golfern sehr viel auf das alles geachtet? Manche machen das vielleicht bewusst, andere eher unbewusst. Aber ist es denn nicht völlig egal, was der andere an sich trägt oder mit sich herumschleppt? Kommt es denn nicht auf den Menschen an? Oder sind wir wirklich so oberflächlich?

Wenn wir bei solchen Dingen anfangen zu urteilen, wo fangen wir dann an und wo hören wir auf?

Gucken wir dann nach der Runde auch noch welche Uhr er trägt oder welches Auto er fährt?

Übrigens liebe Damen, wenn ich in diesem Buch immer nur von IHM spreche, dann möchte ich Ihnen an dieser Stelle sagen, Sie sind natürlich genauso gemeint. Egal ob Männer oder Frauen. Beide betrifft das gleichermaßen. Vielleicht in manchen Situationen die einen mehr und die anderen weniger.

Da ich aber überwiegend mit den Herren der Schöpfung auf dem Platz bin, müssen diese für die Beispiele herhalten.

Zurück zu unserem Thema. Was ist denn für uns wichtiger? Ist es wichtiger, wie der Mensch aussieht und welches Equipment er nutzt? Oder ist es wichtiger, wie der Mensch hinter diesen ganzen Dingen ist? Schließlich müssen wir die nächsten vier bis fünf Stunden mit ihm verbringen.

Aus diesem Grund möchte ich an dieser Stelle noch mal auf einen Punkt zurückkommen: **Es braucht gleich wenig oder gleich viel, um 100% positiv oder negativ zu wirken!**

Nicht jeder Mensch kann mit jedem. Der eine mag eher den ruhigeren Typ. Der andere hat nichts dagegen, wenn einer mal ein paar Späßchen auf der Runde macht.

Warum ist das für uns so wichtig? Wir sollten uns niemals verstellen und es anderen recht machen wollen. Aber wir können zumindest Rücksicht auf die Belange unserer Mitspieler nehmen. Das können wir nicht nur, das sollten wir auf jeden Fall auch tun.

Auch hierbei musste ich am Anfang meiner Golfzeit einiges an Lehrgeld bezahlen. Da wurde geflucht, der Schläger geworfen oder das Bag malträtiert. Aber auf keinen Fall wurde in dem Moment darüber nachgedacht, ob sich der andere dadurch eventuell gestört fühlt. Nein, da war ich der Egoist.

Wobei, und das ist wichtig, auch eher unbewusst. Denn ich wollte und will ja niemanden absichtlich in seiner Konzentration stören. Nur manchmal sind der Zorn und die Wut mit mir durchgegangen.

Kennen Sie von sich auch? Dann wissen Sie wovon ich rede. Ich habe immer die anderen Golfer bewundert, die nach schlechten Schlägen die Ruhe bewahrt haben. Die immer wieder positiv nach vorn geschaut haben. Wie machen die das nur?

Emotionen haben auf dem Golfplatz nichts zu suchen. Hat mir mal ein älterer Herr gesagt. Ist das so? Emotionen in Maßen, beziehungsweise an den richtigen Stellen gehören doch auch dazu, oder?

Wenn ich ein tolles Birdie spiele, soll ich dann etwa kommentarlos von dem Grün gehen? Kann ich mich dann nicht mal etwas lauter freuen?

Was nicht heißt, über den ganzen Platz zu schreien, aber so ein kleiner Gefühlsausbruch gehört doch dazu. Im positiven sowie auch im negativen Sinne. Oder sehen Sie das anders?

An dieser Stelle muss ich zugeben, dass ich es in meiner Anfangszeit auch ein bisschen damit übertrieben habe. Diejenigen, die mich kennen, schmunzeln jetzt wahrscheinlich gerade bei dem Wort „bisschen".

Aber man wird ja älter und…. Und je länger man sich mit dieser schönen Sportart beschäftigt, desto besser lernt man damit umzugehen. Man lernt demütig zu sein. Man lernt sehr viel über sich selbst. Die wichtige Frage ist, wie geht man mit diesem erlangten Wissen um?

Es gibt ja leider auch solche Spieler, wir hatten sie vorhin schon mal kurz angesprochen, die alles Wissen und alles Können. Die sind über jede Regel informiert. Die warten oftmals sehnsüchtig darauf, dass wir einen Fehler machen, damit sie uns aufklären können. Wenn das dann allerdings so weit geht, dass man als Anfänger einen Fehler macht und der andere nachher sagt:

„Das gibt aber jetzt zwei Strafpunkte, weil Du das so und so gemacht hast..." Dann möchte man schon ganz gern sein 6er Eisen nehmen und es ihm um den Hals wickeln.

Wir hatten vorhin folgendes Werkzeug erarbeitet:

„Es ist nicht wichtig, was ich kann, was ich weiß oder wer ich bin – wichtig ist, wie ich mit diesen Eigenschaften auf meinen Gegenüber wirke."

Mir fällt da nämlich gerade so ein bestimmter Typ Golfer ein.

Sie kennen doch auch sicherlich alle diese Selbstdarsteller? Diese Menschen, die von der Begrüßung bis zur Verabschiedung und am besten auch beim Getränk danach nur über sich selbst reden. Sie wissen, welchen Typ Golfer ich meine. Haben Sie auch schon mit gespielt? Oder rede ich hier gerade von Ihnen? Nein, bestimmt nicht. Sie sind nicht so einer. Sie interessieren sich offen und ehrlich für Ihre Mitmenschen. Sie sind ein guter Zuhörer. Oder?

Na klar. Jeder Mensch ist anders. Und das ist auch gut so. Jeder tickt anders, wie man so schön sagt. Aber die Frage ist doch, mit wem spielen wir denn lieber?

Mit dem, der sich nur für sich selbst interessiert? Oder mit dem, der sich auch für uns interessiert?

Wir kennen doch alle diese Typen, die nach der Runde am Tisch auftauchen und denen, die dort sitzen, unaufgefordert erzählen, wie sie gespielt haben. Und zwar am besten noch jede einzelne Bahn. Und was machen wir, die freundlichen und höflichen Menschen?

Wir sitzen dort, lächeln und lassen es geduldig über uns ergehen, bis zufällig jemand anderes vorbeigeht, dem er das auch noch unbedingt aufs Auge drücken muss. Was denken wir uns dann?

Der arme Kerl, der sich das jetzt alles anhören muss! Zu extrem? Nein, nur die Wahrheit.

Wobei wir auch hier wieder unterscheiden müssen, zwischen Menschen, denen wir gerne zuhören und den anderen. Was ja nicht heißen muss, dass wir diejenigen nicht mögen. Nein, wir haben nur keine Lust zuzuhören. Wir sind gedanklich vielleicht selber noch auf unserer Runde oder wollen mal nicht über Golf sprechen. Es gibt ja schließlich auch noch genügend andere Themen, über die man sich prima unterhalten kann. Oder liegt gerade da vielleicht der Knackpunkt? Haben diese Menschen womöglich nichts anderes, über das sie sprechen können?

Aber so sind sie eben. Sie sehen, ich habe „sie" klein geschrieben. Nicht, dass Sie sich gerade noch angesprochen fühlen.

Auf der anderen Seite sind diese ganzen Themen aus dem Verhaltensbereich, die wir bisher angesprochen haben – **Richtige innere Einstellung / Warum freue ich mich? / Auf die persönliche Wirkung kommt es an / Alles hat zwei Seiten / Ein guter Zuhörer sein** – nicht auch alles Themen, die wir gut und gern unter dem Begriff Etikette sortieren könnten?

Vor kurzem setzte sich ein Spieler nach der Runde zu uns an den Tisch. Einer, den ich schon einige Jahre kenne und mit dem ich auch schon öfter zusammen gespielt hatte.

Er begrüßte uns und nach einer kurzen Weile fragte er mich: *„Und was gibt es bei Dir so neues?"*

Daraufhin sah ich ihn freudestrahlend an, weil ich dachte, schön dass sich jemand für dich interessiert und antwortete:

„Schön dass Du fragst. Ich habe zwei Bücher geschrieben und sie gerade veröffentlicht."

Was glauben Sie, wie das Gespräch dann weiter ging?

Gar nicht. Er hat nicht gefragt: Worüber hast Du die Bücher geschrieben? Oder: Warum hast Du die geschrieben? Oder was auch immer. Nein. Er hat sich lieber seinem Getränk gewidmet und mit anderen am Tisch über das Thema Golf gesprochen.

Na klar, ist ja auch besser. Da kann er ja mitreden.

Wenn ich das selbst gerade so lese, was ich hier schreibe, könnte man schon den Eindruck bekommen, dass ich mich nach Aufmerksamkeit sehne. Keineswegs. Ich kann nur nicht aus meiner Haut, des Verhaltenstrainers heraus. Ich beobachte Menschen mit ganz anderen Augen. Ich nehme wahrscheinlich auch bestimmte Sachen ganz anders auf.

Der Mensch, der dort neben mir saß, der meinte das vielleicht gar nicht böse. Möglicherweise hatte er nur keine Lust mit mir darüber zu reden.

Ob ich ihn dann stundenlang über meine Bücher „zu gequatscht" hätte? Nein. Mit Sicherheit nicht. Nur wenn ich einem Menschen eine Frage stelle, dann nur weil mich die Antwort auch interessiert. Sonst brauche ich sie ja auch erst gar nicht zu stellen.

Leider ist es aber oftmals so, dass solche Fragen, wie zum Beispiel: *„Wie geht's?" „Wie war die Runde?"* nur reine Floskeln sind. Oder sie sind dazu da, um Ihnen dann zu sagen, wie seine Runde war.

Wenn Sie zum Beispiel jemand fragt: *„Was halten Sie eigentlich von Bayern München?"*

Fragt er Sie das, weil er Ihre Meinung hören möchte? Oder fragt er Sie das, um Ihnen zu sagen, was er von Bayern München hält?

Die Antwort ist klar. Die Frage, die sich daraus ergibt: Was können wir durch dieses Wissen für uns mitnehmen? Oder anders herum gefragt:

Für wen interessiert sich der Mensch in erster Linie?

Für sich selbst!

Für wen interessiert er sich in zweiter Linie?

Auch für sich selbst!

Und für wen interessiert er sich in dritter Linie?

Ebenfalls für sich selbst!

Wann wir drankommen? Keine Ahnung. Vielleicht in 35. Linie.

Warum das für uns so wichtig ist?

Weil wir Menschen nun mal Egoisten sind. Ja genau. Wir alle. Na gut, die meisten zumindest. Der eine mehr, der andere weniger. Wieso?

Gehen wir doch einfach mal wieder zurück auf den Platz. Da wird auf dem Grün gerade geputtet. Alle versuchen krampfhaft ihr Par oder Bogie zu retten. Wie bitte? Ach so, Sie versuchen Ihr Birdie zu spielen. Na gut, dann viel Erfolg.

Was haben aber viele gemeinsam?

Nach getaner Arbeit wird der Fahnenstock rabiat ins Loch zurückbefördert. Egal, ob man mit dem Stock an den Rand des Loches kommt. Wenn die Rundung keine Rundung mehr ist. Nach mir die Sintflut. Ich bin ja fertig. Was interessieren mich die anderen, die nach mir kommen.

Auf der nächsten Bahn muss aus dem Bunker gespielt werden. Und siehe da, es wird tatsächlich geharkt. Wobei, ob man das wirklich harken nennen kann, sei mal dahin gestellt. Es ist doch oftmals vielmehr ein streicheln des Sandes. Und die Harke? Die wir einfach irgendwo hin gefeuert. Wie gesagt, nach mir die Sintflut.

Und das Divot, welches gerade „Schnitzelgroß" aus dem Fairway geschossen wurde, was ist damit? Ach stimmt ja, das sollte man ja eigentlich wieder zurücklegen und dem Fairway anpassen. Aber Stichwort zurück. Das Divot ist fast so weit geflogen, wie der Ball. Jetzt müssten wir es ja aufheben und wieder zurückgehen. Und dann wieder Anschluss an den Flight kriegen. Mein Gott, wir sind doch heute schon genug gelaufen. Ach lassen wir es einfach liegen. Guckt ja eh gerade keiner.

Und auf dem Grün die Pitchmarke ausbessern ist anscheinend eine echte Herausforderung. Haben Sie denn etwa alle Rücken?

Können Sie sich nicht mehr bücken? Oder sind Sie einfach nur zu faul?

Oh, jetzt habe ich aus Versehen SIE groß geschrieben. Na ja, egal. Vielleicht fühlen Sie sich ja gerade angesprochen.

Ob ich immer alles so mache, wie es sein sollte? Nein, mit Sicherheit habe ich auch schon mal etwas vergessen. Das ist ja auch nur menschlich. Aber so viele Leute können so viele Dinge einfach nicht vergessen. Es sei denn, sie leiden an Alzheimer.

Mein erster Trainer hat mal zu mir gesagt:

„Golf findet zwischen die Ohren statt!"

Ja genau. Zwischen die..., er ist Engländer.

Golfen wäre seiner Meinung nach zu 70% Kopfsache und der Rest wäre Technik.

Das hat er natürlich nicht in dem Zusammenhang gesagt, über den wir gerade gesprochen haben. Allerdings lassen sich doch auch hier Parallelen herstellen.

Wenn das zwischen „die" Ohren etwas besser funktionieren würde, dann müssten wir uns auf der Runde über diese ganze Dinge viel weniger aufregen.

Wobei wir ja sowieso gesagt haben, wir wollen uns viel lieber die Frage stellen: Warum freue ich mich? Anstatt uns über diese Dinge aufzuregen.

Mir fällt gerade noch ein Beispiel ein, bei dem es manchmal gar nicht so einfach ist, sich nicht aufzuregen. An wen oder was ich gerade denke?

An die Platzarbeiten, die während des Spiels durchgeführt werden. Und ich rede hier jetzt von denen während eines vorgabewirksamen Turniers.

Wir alle kennen die Situationen in denen wir am Abschlag stehen, uns konzentrieren wollen und auf einmal hinter uns, am weißen Abschlag, der Kollege anfängt eben diesen zu mähen. Dass wir gerade in Ruhe abschlagen wollen, das interessiert den doch nicht.

Oder beim Anspielen des Grüns entdecken wir zwei Mitarbeiter, die gerade dabei sind, die Bunker auf Vordermann zu bringen. Diese sehen uns, winken auch, nach dem Motto, spielt ruhig, wie sehen den Ball schon.

Das ist mir klar. Aber dass ich nicht frei aufspielen kann, wenn in der möglichen Landezone ein Arbeiter steht, dass versteht anscheinend keiner.

Vor dem nächsten Grün wird gerade alles mit einem riesigen dicken Wasserschlauch bewässert.

Der liegt auch noch schön quer vor dem Eingang des Grüns. Aber hey, kein Problem. Wir spielen hier ja nur ein vorgabewirksames Turnier.

Ich mag gar nicht an unsere verbissenen Freunde denken. Sie wissen schon, diejenigen, die voll im Tunnel sind. Die ihr einstelliges Handicap noch weiter runter schrauben wollen. Wie reagieren die eigentlich in solchen Situationen?

Das „Beste" was mir jedoch einmal auf unserem Platz passiert ist, war folgendes. Wir haben alle drei auf der 18. Bahn abgeschlagen. Alle Bälle lagen auf dem Fairway. Wir nahmen unsere Trolleys und marschierten los, als auf einmal von rechts ein Fahrzeug der Platzarbeiter auf das Fairway bog und anfing das Fairway zu sanden. Nicht nur ein bisschen Sand, sondern volles Programm. Mitten in unser Spiel hinein. Über unsere Bälle hinweg. Es sah aus, wie am Strand von Mallorca.

Wie haben wir damals, es ist schon einige Jahre her, reagiert? Wir standen völlig ungläubig dort und haben nur gedacht, das kann doch wohl nicht wahr sein.

Der Mitarbeiter, darauf angesprochen, schüttelte nur den Kopf und sagte: *„Anweisung vom Chef"*.

Na klar, diese ganzen Beispiele mit diesen verschiedenen Greenkeepern, die können alle nichts dafür.

Die machen nur ihren Job. Alles eine Frage der Führung. Wie in allen anderen Unternehmen auch. Die Mitarbeiter sind immer nur so gut oder stark, wie die Führungskraft. Was aber nicht heißen soll, dass die Jungs nicht einen prima Job machen. Der Platz wird von Jahr zu Jahr besser. Aber man fragt sich manchmal trotzdem, warum das gerade zu einem Zeitpunkt passieren muss, an dem man versucht sein Handicap zu verbessern oder zumindest zu bestätigen.

Bei der bildhaften Darstellung dieser verschieden Situationen fällt mir gerade auf, dass wir uns fast ausschließlich mit negativen Gegebenheiten beschäftigt haben.

Es soll also bitte nicht der Eindruck entstehen, dass alles schlecht ist, was auf den Golfplätzen passiert. Natürlich nicht. Es gibt so viele Beispiele, bei denen einem ein Lächeln ins Gesicht kommt. Entweder aus ehrlicher Freude oder auch mal aus Schadenfreude.

Wir alle haben doch bestimmt schon Situationen auf dem Platz erlebt, die uns herzlichen Lachen ließen, oder?

Das kann der generell lustige Mitspieler sein, der einen Spruch oder Witz nach dem anderen reißt. Das kann genauso gut der eigene Schlag sein, der vom Baum zurück aufs Fairway prallt.

Der Ball, der so schlecht aus dem Bunker gespielt, zum Beispiel getoppt, das komplette Grün verfehlt, an einen Baum knallt, zurückfliegt und zwei Meter von der Fahne entfernt liegen bleibt.

Oder der Ball, der so toll gespielt, an den Pfahl des Wasserhindernisses prallt und geradewegs wieder vor unsere Füße zurückfliegt.

Oder der Trolley, der eigentlich am Rand des Grüns automatisch anhalten sollte, aus irgendeinem Grund aber einfach weiterfährt. Wenn es gut läuft, in das Gebüsch hinein. Wenn es schlecht läuft, auch mal in den Bunker oder sogar ins Wasser.

Okay, das ist im ersten Moment vielleicht nicht unbedingt zum Lachen. Aber wenn man ein paar Sekunden vergehen lässt, kann man sich doch herrlich darüber amüsieren. Manchmal natürlich nur im Stillen.

Wir können uns doch freuen über tolle Schläge, gut gespielte Pars, ausgezeichnet gespielte Birdies oder über ein klasse Ergebnis.

Wenn wir an der Bahn 4 ein Birdie spielen und wissen, wir bekommen auf jeden Fall Geld aus dem Birdiepool, dann ist die Runde doch schon gerettet.

Auch darüber können wir uns freuen.

Wir sind glücklich über die körperliche Betätigung. Das eventuelle Abnehmen. Die gestärkte Kondition, die positive Geschafftheit am Ende der Runde.

Wir sind dankbar für die Möglichkeit den familiären oder beruflichen Stress für vier Stunden auszublenden. Die Natur und die frische Luft zu genießen.

Wir sind begeistert über neue und interessante Menschen, die wir vielleicht kennenlernen werden.

Es soll ja sogar vorgekommen sein, dass richtige Freundschaften auf dem Golfplatz entstanden sind. Prima. Darüber freuen wir uns.

Wir lachen, wenn wir mal wieder die neuesten Sprüche des Mens-Captains bei der Siegerehrung hören. Es muss nicht immer alles politisch korrekt sein. Ein lockerer Spruch heitert die ganze Atmosphäre auf. Und schon freut sich auch der Spieler wieder, der vielleicht so schlecht gespielt hat, dass er heute die „Rote Laterne" bekommt.

Wir sehen also, Golfen macht Freude, es macht Spaß, es trägt dazu bei, dass wir uns weiter entwickeln, dass wir über uns so einiges lernen. Also die meisten zumindest. Oder sagen wir es so. Die die es wollen.

Alles eine Frage der inneren Einstellung. Und sehr passend zu dem Satz: „Golf findet zwischen den Ohren statt".

Einen besonders wichtigen Punkt oder nennen wir es eher, ein besonders wichtiges Werkzeug aus dem Verhaltenstraining möchte ich Ihnen aber nicht vorenthalten. Worum geht's?

Sie sind ja alle erfahrene und erfolgreiche Golfer. Wenn ich Sie jetzt fragen würde, was für Ihren Erfolg bis hier hin wichtiger war, nämlich der <u>feste Wille</u> auf der einen Seite oder die <u>Fantasie</u>, die Vorstellungskraft auf der anderen Seite – was würden Sie sagen?

Fester Wille oder Fantasie?

Sie sind für den festen Willen?

Dann lassen Sie mich Ihnen eine Entscheidungshilfe anbieten. Nehmen wir mal an, vor uns liegen zwei Quadersteine mit einem Durchmesser von einem Meter. Auf diese beiden Quadersteine legen wir ein Brett. Die beiden Steine stehen in einer Entfernung von sieben Metern zueinander.

Wir legen also ein sieben Meter langes, ein Meter breites und zehn Zentimeter dickes Brett auf diese beiden Quadersteine. Haben Sie das Bild vor Augen?

Jetzt bitten wir jemanden, der gesagt hat, mein fester Wille war entscheidend, um erfolgreich zu sein, über dieses Brett von A nach B zu gehen.

Was meinen Sie, reicht der feste Wille dieser Person aus, um über dieses sieben Meter lange, ein Meter breite und zehn Zentimeter dicke Brett zu gehen?

Mit Sicherheit. Jetzt hätte also jeder Recht, der gesagt hat, für mich ist der feste Wille entscheidend, um erfolgreiches Golf zu spielen.

Was ist denn, wenn wir dieses sieben Meter lange, einen Meter breite und nur zehn Zentimeter dicke Brett auf zwei Wolkenkratzer legen? Diesseits und jenseits der Straße eine 200 Meter tiefe Schlucht!

Reicht Ihr fester Wille jetzt auch noch aus, um dieses nur zehn Zentimeter dicke Brett zu gehen? Stellen Sie sich auch das bitte mal bildlich vor.

Ich kann Ihnen eines mit Sicherheit sagen. Mein fester Wille würde auf gar keinen Fall ausreichen, um über dieses Brett zu gehen. Denn die Gefahr dessen, was passieren könnte, nämlich diese 200 Meter in die Tiefe zu stürzen, wäre für mich viel größer, als mein fester Wille jemals sein kann. Möglicherweise geht es Ihnen ja ähnlich.

Was können wir für uns daraus mitnehmen?

Vorstellungen bestimmen unser Verhalten!

Wir Menschen werden Tag und Nacht von unseren eigenen Vorstellungen geleitet.

Wenn Sie nachts wach werden und Sie schauen rüber, dann wirkt Ihr Partner auf Sie. Wenn Ihnen jetzt irgendwelche unanständigen Dinge durch den Kopf gehen, dann sind das allein Ihre Vorstellungen, damit habe ich nichts zu tun.

Wenn das Ganze noch ein bisschen zu theoretisch klingt, Vorstellungen bestimmen unser Verhalten, dann lassen Sie uns das noch mit einem anderen Beispiel verknüpfen.

Sie bekommen in einem Turnier einen Flight-Partner zugelost, der Ihnen schon immer unsympathisch war. Der Tag ist gelaufen, oder?

Wie können wir es jetzt schaffen, aus dieser Situation das Beste zu machen? Wie können wir jetzt eine positive Grundlage zwischen uns schaffen?

Was schafft mehr Sympathie zwischen uns? Wenn ich versuche, ihm sympathisch sein zu wollen oder wenn ich versuche, ihn mir sympathisch vorzustellen?

Über dieses Thema, Sympathie, sind in der Vergangenheit schon eine Menge Bücher geschrieben worden. Und in diesen Büchern stehen dann manchmal so „schlaue Rezepte" wie zum Beispiel:

„Mach Du Dich Deinem Gegenüber sympathisch und Du wirst erfolgreich sein!"

Geht das denn? Können wir uns denn jedem Menschen sympathisch machen? Wirkt das nicht vielleicht auch mal schnell als anbiedern oder einschleimen?

Wir haben ja gerade gesagt, Vorstellungen bestimmen unser Verhalten. Und solch eine wirkungsvolle Vorstellung heißt:

„Stell' Du Dir Deinen Gegenüber sympathisch vor und Du brauchst Dir keine Gedanken zu machen, ob Du ihm auch sympathisch bist, denn Du bist es automatisch!"

Das heißt, wir nutzen die Kraft unserer Vorstellung, stellen uns den anderen sympathisch vor, er spürt das und schon kann ein Wechselspiel der Sympathie stattfinden.

Bezugnehmend auf das Thema: **Eisbergesetz**. Was hatten wir gesagt, wonach sucht unser Unterbewusstsein, wenn der erste Impuls ein positiver ist? Richtig, nach weiteren positiven Impulsen. Also gibt es hier nur eine passende Antwort:

Wer sollte wem sympathisch sein? Der andere mir!

Oder von mir aus auch der Golfschläger mir. Oder der Ball mir. Oder das Rough mir. Natürlich auch das Grün mir.

Auch hier wird wieder schnell klar, worum es geht. Es liegt allein an uns, wie erfolgreich wir im Leben sind. Wenn wir darauf warten, dass andere dafür sorgen, dass wir erfolgreich werden, dann können wir lange warten. Wenn wir darauf warten, dass unser Spiel irgendwann wieder besser wird – ja dann können schon mal einige Wochen oder Monate vergehen.

Wenn wir also mir einer negativen Einstellung auf den Platz gehen oder zu unserem Flight dazu stoßen, was soll uns denn dann schon positives nachfolgen?

Auf der anderen Seite verstehe ich Sie ja, wenn Sie sagen: Nein, denjenigen den ich gerade vor Augen habe, den kann ich mir einfach nicht sympathisch vorstellen, das ist so ein **„Ekel"**. Den kann ich einfach nicht leiden. Aber wenn dieses so genannte „Ekel" zum Beispiel verheiratet ist, wird denn dann seine Frau nicht irgendetwas Positives an ihm gefunden haben. Also außer sein Geld.

Wenn er einen tollen Job hat, ein schönes Auto fährt, im Beruf erfolgreich war oder ist, wird dann nicht irgendwas an ihm sein, was wir positiv erwähnen könnten?

Worum geht es dabei? Wenn Sie demnächst vielleicht wieder auf dieses so genannte „Ekel" treffen, also mit ihm oder ihr vier bis fünf Stunden auf dem Golfplatz verbringen müssen, dann suchen Sie sich doch bitte vorher <u>fünf positive Punkte</u>, die Sie an diesem Menschen finden können und gehen erst dann mit ihm oder ihr auf die Runde.

Seien Sie gespannt, ob diese Runde dann anders verläuft als sonst. Denn wie gerade schon erwähnt, was kann an diesem Tag denn schon tolles passieren, wenn wir mit dieser negativen Einstellung starten? Nichts.

Diese ganzen Werkzeuge und Themen, die wir gerade besprechen lassen sich übrigens auch wunderbar in allen anderen Situationen des Lebens einsetzen. Egal ob im Berufsleben, im Freundeskreis oder in der Familie. Sie funktionieren überall. Die Frage ist immer nur, wie bewusst gehen wir mit solchen Informationen, beziehungsweise Werkzeugen um?

Apropos bewusst und unbewusst. Dazu passt sehr schön die Thematik: <u>„Durchspielen lassen"</u>.

Es gibt immer wieder Flights, da können wir lange warten, bis die uns durchspielen lassen. Andere wiederum machen sofort Platz, wenn sie sehen, dass sie den Spielbetrieb aufhalten.

Ist doch auch viel angenehmer, wenn man nicht immer diesen Druck von hinten bekommt. Das scheint aber manch anderen Flights völlig egal zu sein.

Die suchen sich einen Wolf und machen nicht den geringsten Anschein, dass sie einen schnelleren Flight durchspielen lassen wollen. Am besten stehen die Bags noch so, dass man sie gar nicht sieht. Man denkt, die Bahn ist frei, schlägt ab und auf einmal kommen die Spieler aus den Büschen.

Und dann ist das Theater groß. Wie können wir es wagen schon zu spielen? Sie kennen solche Situationen.

Aber so unterschiedlich wir Menschen sind, so unterschiedlich sind auch die Verhaltensweisen der Flights.

Auf der anderen Seite gibt es auch genügend Spieler, die gar nicht durchspielen wollen. Warum nicht? Weil dann, in der Hektik, erst recht alles schief geht, was nur schief gehen kann. Und spätestens dann ist das Ergebnis hinüber. Aber hey, dann können wir es immer noch auf die Situation schieben.

„Das lag nur am Durchspielen, das ist nicht meine Sache. Danach war die Runde gelaufen."

Genau an diesem Punkt sind wir doch schon gewesen. <u>Golfen findet zwischen den Ohren statt</u>. Anstatt alles so zu machen, wie bisher, schmeißen wir alle

erlernten Dinge über Bord und hacken in den Boden, spielen einen Monsterslice oder toppen den Ball. Alles andere, nur kein vernünftiger Golfschlag.

So viel zum Thema Bewusstsein und Unterbewusstsein. Ist schon seltsam.

Wenn wir Reden, Trinken oder Essen, dann machen wir das doch auch ganz normal, wenn andere Personen dabei sind. Wobei, was heißt schon normal?

Wenn man so den einen oder anderen beim Essen beobachtet, da vergeht einem schon mal der Appetit. Okay, das kann beim Golfen auch passieren. Also in Bezug auf das Spielen gemeint. Da vergeht einem auch schon mal die Lust. Also einem selber und dem Mitspieler vielleicht auch.

Obwohl, mit dem Essen auf der Runde ist das auch manchmal so eine Sache. Das hat dann oftmals auch was von einem Neandertaler.

Ist Ihnen eigentlich aufgefallen, dass ich des Öfteren von diesem so genannten **„Neandertaler"** gesprochen habe?

Haben Sie sich auch schon gefragt, warum gerade „Neandertaler"?

Was verbirgt sich dahinter?

Unsere Erde gibt es ja schon Millionen von Jahren, uns Menschen gibt es gerade mal einige Tausend Jahre. Das heißt, gemessen am Zeitraum der Erde ein klitzekleiner Anteil.

Gott sei Dank haben wir uns entwickelt vom damaligen Sammler und Jäger, hin zum heute so modernen Menschen. (Gut gekleidet, gute Manieren, usw.)

Doch irgendetwas aus der damaligen Zeit steckt immer noch in uns drin, und zwar dieser Neandertaler. Der sitzt nämlich bei jedem von uns auf der Schulter. Man sieht ihn nicht, aber er ist da. Dieser Neandertaler entscheidet, ob dort ein Freund oder ein Feind auf uns zukommt.

Ist es ein Freund, dann bleibt dieser Neandertaler ganz ruhig und gelassen. Kommt allerdings ein Feind auf uns zu, dann zückt er seine Keule und legt sich mit dem anderen an. Dieser andere Neandertaler entscheidet jetzt, ob es zu einem Kampf kommt oder nicht.

Und wenn wir uns einmal alle selbst hinterfragen, ist es nicht schon das eine oder andere Mal vorgekommen, dass wir unserem Neandertaler freien Lauf gelassen haben? Nicht nur auf dem Golfplatz oder im Umgang mit den schon angesprochen Protagonisten. Nein, im Leben generell.

Im Auto, im Supermarkt, in der Post, im Urlaub, mit der Familie, mit Freunden, mit dem Partner, mit Kunden, mit den Kollegen, mit dem Chef?

Und? Was hat es uns gebracht, den Neandertaler seine Keule schwingen zu lassen? Meistens nichts.

Wir sind danach genauso sauer oder frustriert wie vorher und oftmals nehmen wir diesen Ärger oder Zorn noch mit hinein in die nächste Situation. Und der oder die kriegt es dann zu spüren, obwohl diese Person gar nichts dafür kann.

Was hat das jetzt ganz konkret mit dem Thema Golfen zu tun?

Schuld sind doch immer die anderen, haben wir gesagt. In diesem Fall nicht die Personen, nein jetzt sind es die Schläger. Diese Mistdinger müssen langsam mal auf den Golffriedhof. Die funktionieren aber auch gar nicht mehr. Wird Zeit, sich mal einen neuen Satz zu kaufen.

Und diese dämlichen Bälle erst, die sind auch nicht mehr das, was sie mal waren. Morgen erst mal ein paar neue kaufen.

Und dann noch diese Schuhe. Völlig ausgelatscht und die Softspikes sind auch total abgenutzt.

Kein Wunder, dass ich keinen Ball treffe, bei dem schlechten Stand.

Müssen wir noch weitere Beispiele bringen? Wohl eher nicht. Uns ist allen klar worum es geht. Aber das reicht oftmals nicht.

Wir müssen es nicht nur wissen, nein wir müssen es auch bewusst verändern. Unser Denken und unser Handeln. Nur dann werden wir halbwegs erfolgreiche Golfer werden. Aber was heißt schon erfolgreich? Jeder definiert den Begriff Erfolg doch ganz anders.

Für den Verbissenen gibt es nur das Ergebnis. Da zählen nur die nackten Zahlen.

Für den Entspannten gibt es schon etwas mehr. Bewegung an der frischen Luft, die Natur genießen.

Und für den absolut relaxten Golfer gibt es zusätzlich noch Entspannung, Erholung, Freude an anderen Menschen und Zufriedenheit mit sich und allem anderen.

Ist das nicht toll? Welcher Typ sind Sie?

Von allem ein bisschen?

An dieser Stelle das vielleicht schwierigste Werkzeug:

ERFOLG IST FREI-WILLIG!

Das Wort FREIWILLIG ist übrigens ganz bewusst auseinander geschrieben. Warum? Die Tragik besteht nämlich für viele Menschen darin, dass Erfolg freiwillig ist. Wenn wir also darauf warten, dass jemand anderes dafür sorgt, dass wir erfolgreich werden, dann können wir lange warten.

So ganz nach dem Motto: Jetzt nehme wir schon jede Woche eine Trainerstunde, aber unser Spiel wird trotzdem nicht besser. Den Trainer kannst du aber auch vergessen! Nein. An dem liegt es nicht. Es liegt einzig und allein an uns.

Wir sind dafür verantwortlich, wie wir dessen Hinweise in die Tat umsetzen. Okay, natürlich gibt es auch Pfeifen unter den Trainern. Aber das spürt man doch recht schnell, ob dieser Typ Mensch zu einem passt oder nicht. Oder ob man Vertrauen in dessen Fähigkeiten hat oder nicht?

Erfolg ist frei-willig! Aber es nie zu spät, sich konsequent erfolgsversprechend zu verhalten!

Ist das nicht ein hervorragender Satz? Na dann mal los, lassen Sie uns erfolgreich sein. Oder lassen Sie uns zumindest so verhalten, dass wir die Möglichkeit haben, erfolgreich zu werden. Und eins sollte uns immer bewusst sein:

Es ist nicht nur die Wirkung nach außen, also unser Verhalten, unsere Gestik und Mimik, das heißt unsere ganze Körpersprache – nein es ist auch unsere richtige innere Einstellung zu der Sache die wir gerade tun.

Und das hat jetzt wieder nicht nur mit dem Golfen zu tun. Das dreht sich um alle Bereiche des Lebens.

Speziell natürlich dort, wo es um zwischenmenschliches Verhalten geht. Sympathie und Antipathie. Mögen oder nicht mögen.

Sie merken, es wiederholen sich bestimmte Themen. Die sind einfach zu wichtig. Vielleicht haben Sie aber auch das Gefühl, mein Gott, was ist das für ein Besserwisser. Der meint wohl er hat die Weisheit mit Löffeln gefressen. Das ist nicht schlimm. Können Sie ruhig denken. Jeder geht mit den Werkzeugen dieses Buches anders um. Der eine hinterfragt sich und sein handeln. Der andere hinterfragt lieber den Autor. Ist ja auch einfacher, anstatt sich selbst mal den Spiegel vorzuhalten.

Wir haben ja schon ausführlich über die verschiedensten Charaktere gesprochen. So ist das nun mal mit uns Menschen.

Wobei wir ganz klar sagen müssen: Menschen können sich auch ändern. Wir selbst und andere natürlich auch. Diese so genannten „Ekel" können plötzlich in einem ganz anderen Licht erscheinen.

Was gehört allerdings dazu?

Unsere Bereitschaft auf den anderen zuzugehen. Auf ihn einzugehen, ihm zuzuhören, aufgeschlossen und neugierig zu sein. Sich zu freuen auf diese Menschen.

Über seinen eigenen Schatten zu springen. Sich selbst nicht so wichtig zu nehmen.

Jeder Tag unseres Lebens ist ein gebrauchter Tag. Ein Tag, den wir nicht wiederbekommen. Was bringt es uns, sich über alles und jeden zu ärgern? Das Leben ist zu kurz.

Ich soll jetzt nicht mit den ganzen abgedroschenen Sprüchen kommen?

Warum nicht? Sie sind doch wahr. Wir verdrängen das anscheinend aber immer wieder.

Jeder Tag, jede Minute und jede Sekunde unseres Lebens ist nicht wiederzuholen. Sie sind weg. Keine Chance. Wir können die Uhr nicht zurückdrehen oder in eine Zeitmaschine steigen. Wir leben doch alle im hier und jetzt.

Und warum machen wir dann so oft solchen Mist?

Ich rede jetzt nicht nur vom Golfen. Ganz allgemein.

Machen Sie doch mal den Test:

Am Ende eines Tages lassen Sie den ganzen Tag, von morgens bis abends, nochmal Revue passieren.

Bringen Sie sich sozusagen ins Bild, was Sie alles so angestellt haben und wie Sie sich anderen gegenüber verhalten haben.

Und ganz wichtig, wie Sie sich in den verschiedensten Situationen gefühlt haben. Sie werden überrascht sein. Vielleicht auch erschrocken. Aber das rüttelt einen auf jeden Fall wach. Und darum geht es doch. Wach zu sein. Sich auf den Tag zu freuen.

Sind wir nicht viel lieber mit Menschen zusammen, die eine positive Einstellung haben?

Spielen wir nicht lieber mit Menschen zusammen Golf, die auch mal einen lockeren Spruch auf Lager haben? Bei denen man das Gefühl hat – Mensch die viereinhalb Stunden sind aber wie im Flug vergangen. Wir haben doch gerade erst am Abschlag der 1. Bahn gestanden!?

Ist das nicht viel schöner, als wenn sich so eine Runde zieht wie Kaugummi? Man hat das Gefühl, es nimmt nie ein Ende.

Ich habe vor ein paar Zeilen ganz beiläufig geschrieben, dass wir auch mal über unseren Schatten springen müssen – wann sind Sie eigentlich das letzte Mal über Ihren Schatten gesprungen?

Wissen Sie nicht mehr?

Oder sollten wir uns erst mal kurz darüber austauschen, was denn eigentlich ein Schattensprung ist? Wir sprechen nicht über einen Seitensprung.

Es geht um einen Schattensprung. Wie würden Sie diesen Begriff definieren?

„Ein Schattensprung ist etwas, was wir entweder noch nie oder sehr lange nicht mehr getan haben, wo wir aber wissen, wenn wir es tun würden, würde es uns oder die betroffene Person einen Schritt nach vorn bringen."

Okay, das könnte fast auch die Definition für den Begriff „Seitensprung" sein.

Aber zurück zur Seriosität. Was wäre denn für Sie persönlich ein solcher Schattensprung? Woran denken Sie gerade?

Was für mich ein Schattensprung wäre? Da gibt es verschiedene. Einen ganz wichtigen habe ich ja vorhin schon beschrieben. Die Situation, die ich mit dem Ranger hatte. Wäre ich nicht auf ihn zugegangen, würden wir uns jetzt nicht freundlich Grüßen. Ganz im Gegenteil. Jeder würde wahrscheinlich so ein Ziehen in der Magengegend spüren und zwar immer dann, wenn er auch nur in die Nähe des Anderen kommen würde.

Im Endeffekt sind ganz viele der beschriebenen Situationen eine Art von Schattensprung. Aber es geht ja hier nicht um mich, es geht um Sie, um uns alle.

Schattensprung: Mut zur Blamage!

So heißt der Punkt ganz konkret. Was kann uns schlimmstenfalls passieren, wenn wir die Dinge in Angriff nehmen, die wir schon eine ganze Weile vor uns hergeschoben haben?

Nichts! Okay, wir können uns vielleicht blamieren, weil das, was wir vorhaben in irgendeiner Art und Weise nicht funktioniert hat oder nicht den gewünschten Erfolg gebracht hat. Aber was haben wir gleichzeitig auch gemacht?

Genau, wir haben dazugelernt. Wir haben über uns und unser Verhalten während der entsprechenden Situation etwas gelernt und wir haben ein Gefühl dafür bekommen, wie es gewirkt hat.

Und daraus können wir unsere Lehren ziehen. So dass sich daraus ein weiterer Punkt entwickelt:

Schattensprung als Chance!

Und an dieser Stelle nochmal die Frage: Was wäre für Sie ein Schattensprung?

Ihnen fällt nichts ein? Na dann sind Sie wohl nahezu perfekt!?

Wenn Sie einmal Ihre Frau oder die Damen Ihren Mann fragen würden, so sinngemäß:

„Du Schatz, was wäre denn aus Deiner Sicht für mich ein Schattensprung?"

Was glauben Sie, würden Sie als Antwort bekommen? Sie wollen das gar nicht wissen?

Vielleicht auch besser so.

Aber jetzt mal Spaß beiseite. Was kostet es uns, über diesen Schatten zu springen? Vielleicht ein bisschen Überwindung. Okay, möglicherweise auch mal etwas mehr Überwindung. Mag sein, dass es uns auch Zeit und Energie kostet. Aber wenn uns das Ergebnis nachher umso mehr erfreut, ist es dieser geringe Aufwand denn dann nicht wert?

Entscheiden Sie selbst. <u>Erfolg ist frei-willig!</u>

Apropos Blamage. Ich finde es ziemlich blamabel, wenn ich sehe, was Menschen, also Golfer, so alles auf dem Platz hinterlassen.

Ich kann es nicht fassen, wenn andere Golfer die kleinen Tee-Behälter – nennt man die so? - ich habe keine Ahnung wie die Dinger genau heißen, aber Sie wissen schon was ich meine. Diese kleinen eiswaffelförmigen Behälter, die an den Abschlägen stecken. Wenn so viele Menschen diese als Abfalleimer benutzen!

Da liegen leere Ballschachteln drin, Zigarettenkippen, Reste von Äpfeln oder Bananenschalen.

Obwohl fünf Meter weiter ein Abfalleimer steht. Aber dann müsste man ja extra dahin gehen. Und man ist ja schon genug gelaufen. Dann lieber rein damit. Irgendwer wird es schon wegräumen.

Das Einzige, was nicht in diesen Behältern liegt, sind die kaputten Tees. Die liegen überall rum, nur nicht in den dafür vorgesehenen Behältern.

Da muss man sich nicht wundern, wenn die Platzarbeiter mal nicht ihre Maschine abschalten, wenn wir gerade auf dem Grün sind. Die sagen sich wahrscheinlich auch: Was sind das denn für komische Leute hier? Geben alle einen Haufen Kohle fürs Golfen aus, haben aber ihre gute Kinderstube am Empfang abgegeben oder ganz zu Hause gelassen. Ach komm, dann mähst du einfach weiter. Die nehmen das ja auch nicht so genau.

Das sind alles solche Dinge, die irgendwie nicht nachzuvollziehen sind, oder? Genauso wie die Golfer, die die rausgeschlagenen Divots nicht zurücklegen, sich aber selber ärgern, wenn ihr Ball auf der nächsten Bahn genau in einer solchen Kuhle liegt. Wir haben schon darüber gesprochen.

Oder man muss sich nur mal die Toiletten oder Umkleideräume anschauen, dann fragt man sich schon, ob hier richtige Neandertaler unterwegs waren?

Von den Caddyräumen ganz zu schweigen.

Warum gibt es draußen eigentlich extra Reinigungsmöglichkeiten für das komplette Equipment, wenn es doch eh keiner nutzt? Ja okay, Sie nutzen es. Ich verstehe schon. Aber wieso sieht es dann in den Caddyräumen so oft aus, wie in einem Saustall?

Man muss sich auf der anderen Seite nur mal die Autos auf den Parkplätzen näher anschauen. Also gemeint ist, mal genauer reinzuschauen. Was da so alles rumliegt ist die wahre Pracht. Leere Flaschen, Kleidung, Taschen, Zeitungen, usw. Da muss man sich doch nicht wundern, wenn immer wieder Autos aufgebrochen werden. Das lädt doch nur dazu ein.

Das sind wahrscheinlich auch genau die Typen von Golfern, die Startzeiten reservieren, aber dann gar nicht erscheinen. Mal eben im Büro anzurufen und sich austragen lassen, nein das ist zu aufwendig. Nach mir die Sintflut.

Vielleicht sind das auch die Golfer, die gern mal auf der Bahn 10 starten. Einfach mittenrein in den Spielbetrieb. Ohne Rücksicht auf Verluste. Wenn jemand sich beschwert, mir doch egal. Hauptsache ich bin auf dem Platz.

So etwas würden Sie nie machen? Das freut mich. Aber irgendwer muss es sein, der es doch macht.

Nicht umsonst hatten wir vor kurzem, während eines Turniers, auf einmal eine Dame hinter uns. Sie kam immer näher, stand am Abschlag, als wir auf dem Grün waren.

Darauf angesprochen, dass sie mitten in einem Turnier wäre, schüttelte sie nur den Kopf, schaute sich um und sagte:

„Hinter mir ist doch keiner zu sehen. Ist doch alles gut."

Wie bitte? Ist doch alles gut? Na klar. Für sie ist alles gut. Aber dass wir uns gestört fühlen könnten, weil uns immer jemand auf die Pelle rückt, daran hat diese Dame anscheinend nicht gedacht. Oder es war ihr egal, das ist natürlich auch möglich.

Wie ging diese Situation weiter? Ein paar Bahnen später war sie auf einmal weg. Nichts mehr zu sehen von ihr. Wahrscheinlich ist sie querfeldein auf eine andere Bahn gegangen. Wieder so ein Springer, wo man sich immer wundert, wo kommt denn auf einmal der Spieler vor uns her? Der war doch eben noch nicht da.

An dieser Stelle aber auch mal wieder ein positives Wort. Es gibt natürlich auch unter diesen Golfern sehr aufmerksame und vorausschauende Spieler.

Sobald die sehen, dass das irgendwie eng wird oder sie jemandem in die Quere kommen, sind die genauso schnell wieder weg, wie sie gekommen sind.

Das ist ein ganz wichtiger Punkt, den wir an dieser Stelle nochmal vertiefen sollten. Es gibt sie wirklich, die netten, die freundlichen, die zuvorkommenden und die vorausschauenden Golfer. Gott sei Dank. Wenn es sie nicht gäbe, dann würden wir uns doch ganz schnell ein anderes Hobby suchen, oder?

Wir freuen uns über diese positiven, gut gelaunten und sympathischen Mitspieler, Mitarbeiter, Trainer, Servicekräfte und sonstigen Personen in und um den Golfclub. Schön, dass Sie so sind wie Sie sind.

Natürlich haben wir uns in diesem Buch sehr viel mit Menschen und Situationen beschäftigt, die nicht unbedingt positiv waren. Warum gibt es so viele Situationen dieser Art? Oder anders herum gefragt:

Liegt es nicht häufig daran, wie wir mit der Situation oder den beteiligten Menschen umgehen? Wir haben es doch selbst in der Hand.

Wenn ich höre, wie Mitglieder oder Gäste manchmal mit dem Servicepersonal umgehen, da muss man sich nicht wundern, dass einem kein Lächeln entgegengebracht wird.

Da sind Wörter wie, *Bitte*, *Danke* oder *Guten Tag*, anscheinend aus dem Wortschatz verloren gegangen.

„*Behandle Deinen Gegenüber so, wie Du auch gern behandelt werden möchtest!*"

Das möchte man dem einen oder anderen am liebsten zurufen. Denn was ist das Resultat?

„Mensch, das Personal ist heute aber wieder unfreundlich. Die waren auch schon mal netter."

Na klar waren sie das. Es liegt an Dir! Auf die Idee kommt aber keiner. Also nur weiter so. Immer drauf auf die anderen. Und am Ende gibt es dann wahrscheinlich auch kaum Trinkgeld, weil die ja alle so mies gelaunt sind. Natürlich. So schließt sich dann der Kreis.

Ob die Mitarbeiter von Bistros oder Restaurants sich jeden Tag auf ihre Gäste und auf ihre Arbeit freuen? Wahrscheinlich nicht. Auch die müssten sich jeden Morgen ganz bewusst die Frage *„Warum freue ich mich?"* stellen. Und im Laufe des Tages natürlich auch, wenn die ersten Stinkstiefel eintrudeln.

Auf der anderen Seite müssen wir ganz klar feststellen, dass all diese unterschiedlichen Menschen und Situationen wahrscheinlich ganz normal sind. Stellen wir uns nur mal vor, alle Menschen wären gleich.

Alle Menschen wären gleich freundlich, aufmerksam, zuvorkommend, gute Zuhörer. Wäre das nicht auch wiederrum langweilig. Worüber sollen wir uns denn dann noch aufregen? Brauchen wir nicht auch immer wieder solche Reibungspunkte?

„Jeder Jeck ist anders", sagen die Kölner. Der eine läuft in zerschlissenen Hosen und mit einem alten, sonnengebleichten Poloshirt über den Platz. Der andere trägt die neuesten Designerklamotten. Der nächste ist völlig in sich gekehrt, sein Mitspieler ist das genaue Gegenteil. Der eine ist verbittert, der andere kann über sich selbst lachen. Bestimmte Menschen laufen bei dem geringsten Sonnenstrahl nur unter dem Regenschirm über den Platz. Andere wiederrum halten nicht viel von Sonnenschutz oder Sonnencreme und kommen gut geröstet von der Runde.

Eines ist jedoch bei allen gleich. Es sind Menschen. Und wenn wir mit einer vorbildhaften Verhaltensweise vorangehen, dann folgen uns vielleicht auch andere nach. Der eine etwas schneller als der andere. Niemals aufgeben, an sich und an seinem Verhalten zu arbeiten. Das sollte unsere Devise sein.

Winston Churchill hat einmal gesagt:

„Erfolg haben heißt, einmal mehr aufstehen, als man hingefallen ist!"

Und an diesem Satz ist so viel Wahres dran.

Das trifft auf die verschiedensten Mitarbeiter genauso zu, wie auf die Golfer. Denn auf das Golfspiel bezogen, passt dieser Satz wie die Faust aufs Auge. Wenn die Runde heute bescheiden war, wird sie morgen umso besser.

Wenn der Kopf heute wieder zu früh oben war, wird er morgen länger auf dem Ball bleiben.

Wenn die Arme wieder schneller waren, als der Körper, dann wird es beim nächsten Mal eine harmonische Bewegung sein.

Dieser Satz von Winston Churchill bezieht sich aber natürlich auch auf das Zwischenmenschliche.

Wenn ich heute mit einem Menschen spielen muss, den ich nicht mag, frage ich mich morgen, warum freue ich mich trotzdem oder was könnte an ihm positiv sein? Wenn ich mal wieder einen Mitspieler im Flight habe, der 38 Probeschwünge macht, bevor er den Ball spielt, treffe ich morgen einen anderen, der wesentlich zügiger spielt.

Zu dem Satz *„Erfolg haben heißt, einmal mehr aufstehen, als man hingefallen ist"*, fällt mir gerade noch eine lustige Situation mit meinem Vater ein.

Er hat an einem Par 4 seinen Abschlag ein paar Zentimeter vor ein Wasserhindernis geschlagen. Der Ball war spielbar. So weit so gut. Er nimmt ein langes Eisen, holt aus, trifft den Ball und verliert in dem Moment sein Gleichgewicht, so dass er mit dem Durchschwung nach vorn ins Wasser stürzt.

Der Schock und das Lachen wechselten sich ab. Also bei uns. Er kroch mit Hilfe wieder aus dem Wasser, schüttelte sich wie ein nasser Pudel und sagte nur:

„Wo liegt mein Ball?"

Er lag prima. Mitten auf dem Fairway. Das war das wichtigste. Wo liegt der Ball? Verrückt oder? Aber so sind wir Golfer eben. Was auch immer für Unwägbarkeiten auftreten, wir kämpfen bis zum Schluss.

Gott sei Dank war Sommer, so dass seine Kleidung schnell trocknen konnte. So viel zum Thema, *...einmal mehr aufstehen, als man hingefallen ist.*

Wenn ich so recht drüber nachdenke, sollte dieser Satz von Winston Churchill eigentlich der Titel dieses Buches sein. Denn ist das nicht ein wunderbares Motto für jede einzelne Bahn, für jeden einzelnen Schlag?

Mir geht da gerade unser Inselgrün durch den Kopf. Par 3, ca. 130 Meter bis Mitte Grün.

Also normalerweise kein Problem. Ein Schlag, den wir vom Fairway zigmal machen, um das Grün anzuspielen. Dort funktioniert das auch meistens prima. Kaum stehen wir auf dem Abschlag dieses Inselgrüns, macht uns aber unser Unterbewusstsein wieder einen Strich durch die Rechnung. Oh mein Gott, überall ist Wasser. Und große Bäume stehen dort auch noch links und rechts. Jetzt bloß keinen Blödsinn machen. Und schon ist es passiert. Acht von zehn Mal landet der Ball im Wasser, in den Bäumen oder wenn wir Glück haben im Rough. Dann müssen wir uns so Sprüche anhören wie: *„Gut vorgelegt!"* Oder: *„Das Par ist noch drin!"*

Ja, aber der Schlag war sch... Das darf doch nicht wahr sein. Warum immer an dieser Bahn? Sie fühlen mit mir? Haben ähnliche Erfahrungen gemacht? Da bin ich ja beruhigt.

Aber sagen wir es doch wie es ist. Ist es nicht grausam von einem Par 3 mit einer Fünf oder einem Strich runterzugehen? Na klar.

Und jetzt kommt die Kunst ins Spiel. Sich nach diesem Desaster davon freizumachen und die nächste Bahn, den nächsten Schlag neu und positiv anzugehen. Also aufstehen, Mund abputzen, es kann nur besser werden. Vielen Dank lieber Winston Churchill, wir arbeiten daran.

Ist das nicht ein schönes Schlusswort?

Was bleibt also zu tun?

Die Werkzeuge dieses Buches zu verinnerlichen, sie zu leben. Daran Freude zu haben.

Damit uns das auch gelingt, finden Sie im Anschluss noch einmal alle Werkzeuge im Überblick.

<u>*WERKZEUGE*</u>

Ich bin in meinem Leben mittlerweile so weit, über wen oder was ich mich ärgere, das entscheide ich immer noch selbst! (Seite 9)

Warum freue ich mich? (Seite 14)

Wie will ich andere motivieren, wenn ich selbst nicht motiviert bin, d.h. keinen Grund zur Freude habe? (Seite 18)

Die drei Hindernisse: ICH DU ES (Seite 22)

Auf die richtige innere Einstellung kommt es an!
(Seite 27)

Alles hat zwei Seiten / Jeder Mensch hat aus seiner Sicht gesehen Recht, denn er sieht es so! (Seite 41)

Entscheidend ist nicht, was ich weiß, was ich kann oder wer ich bin – sondern wie ich mit diesen Eigenschaften auf meinen Gegenüber wirke!
(Seite 51)

Auf die persönliche Wirkung kommt es an!
(Seite 51)

Für den ersten Eindruck gibt es keine zweite Chance! (Seite 51)

Wir wirken immer! (Seite 51)

Es braucht gleich wenig oder gleich viel, um 100% positiv oder negativ zu wirken! (Seite 52)

Die Wirkung auf das Unterbewusstsein! (Seite 52)

Das Eisberggesetz! (Seite 54)

Vorstellungen bestimmen unser Verhalten (Seite 74)

Wer wem sympathisch? Der andere mir! (Seite 75)

Der Neandertaler! (Seite 79)

Erfolg ist frei-willig! (Seite 82)

Schattensprung: Mut zur Blamage! (Seite 87)

Schattensprung als Chance! (Seite 87)

Erfolg haben heißt, einmal mehr aufstehen, als man hingefallen ist! (Seite 95)

Wenn Ihnen dieses Buch gefallen hat, wenn es Sie zum Nachdenken angeregt hat, wenn Sie Freude daran hat und wenn Sie einen persönlichen Nutzen daraus ziehen konnten, dann empfehlen Sie es doch einfach weiter.

Denn je mehr Menschen es lesen, desto größer ist die Wahrscheinlichkeit, dass sich Menschen selbst hinterfragen und eventuell ihr Verhalten und Ihre Einstellung ändern und so ein harmonischerer Umgang untereinander entsteht.

Wie bereits erwähnt gibt es zu zwei ganz speziellen Themen ebenfalls „Ratgeber der besonderen Art":

Der Autofahrer! Verhaltenstraining am lebenden Objekt!

Der Urlauber! Verhaltenstraining am lebenden Objekt!

Beide Bücher beschäftigen sich mit Alltagssituationen, die wir alle schon erlebt haben. Auf eine humorvolle Art und Weise wird uns auch dort der Spiegel vorgehalten. Durch die Verknüpfung mit den Werkzeugen aus dem Verhaltenstraining ergibt sich auch hier wieder die Möglichkeit einen großen persönlichen Nutzen aus diesen Büchern zu ziehen.

Ich wünsche Ihnen, entweder mit den Büchern oder auf Ihrer nächsten Golfrunde, viel Erfolg, viel Spaß und ein gutes Spiel!

Und nicht vergessen…

Besser im Rough als im Büro!